뉴시티 교리문답 커리큘럼

인도자 가이드 1

(주)죠이북스는 그리스도를 대신한 사신으로
문서를 통한 지상 명령 성취와 하나님 나라 확장을 위해 노력합니다.

*The New City Catechism Curriculum, Vol. 1, Leader's Guide: God, Creation & Fall, Law,
Questions 1-20*
Copyright ⓒ 2018 by The Gospel Coalition
Published by Crossway
a publishing ministry of Good News Publishers
Wheaton, Illinois 60187, U.S.A.

This Korean translation edition ⓒ 2018 by JOY BOOKS Co., Ltd., Seoul, Republic of Korea.
This edition published by arrangement with Crossway
through rMaeng2, Seoul, Republic of Korea.
All rights reserved.

이 한국어판의 저작권은 알맹2 에이전시를 통하여 Crossway와 독점 계약한 (주)죠이북스에 있습니다.
신 저작권법에 의하여 한국 내에서 보호받는 저작물이므로 무단 전재와 무단 복제를 금합니다.

뉴시티 교리문답 커리큘럼

인도자 가이드 1

성부 하나님, 창조와 타락, 율법

문답 1-20

서문

「뉴시티 교리문답 커리큘럼」에 오신 여러분을 환영합니다! 여러분이 돌보는 아이들이 그리스도의 제자로서 신학적으로 탄탄하고, 확신에 차며, 덕스럽고, 용기 있는 사람이 되는 데 이 커리큘럼이 좋은 자료가 되길 기도합니다. 이 커리큘럼은 쉰두 개의 수업으로 구성되어 있습니다. 각 과는 「뉴시티 교리문답」에 있는 질문을 하나씩 다루고 있습니다. 이 커리큘럼은 주로 초등학생을 대상으로 하지만, 교회학교, 홈스쿨, 기독교 학교, 방과 후 교실 등 매우 다양한 상황에서 활용할 수 있도록 구성되어 있습니다. 지역 교회와 가정에서 함께 이 교리문답을 가르친다면, 더욱 유익할 것입니다.

교리문답이 무엇인가요?

교리문답(catechism)은 성경의 교리들을 모은 것으로, "질문"과 "대답" 형식으로 이루어져 있습니다. 이 용어는 신약 성경에 나오는 "카테오"(katecheo)라는 단어에서 비롯되었습니다. 카테오는 간단히 말하면 "가르치거나 지도하다"라는 뜻입니다. 교리 교육 과정은 종교개혁에 그 뿌리를 두고 있습니다. 마르틴 루터, 장 칼뱅, 그리고 다른 여러 종교개혁자는 교리와 성경에 무지하지 않도록 아이와 어른 모두에게 교리를 가르치려고 애썼습니다. 교회사를 살펴보면, 성경에 근거한 이 교리 교육 과정이 아주 결정적인 순간에 매우 큰 영향을 주었다는 것을 증명하고 있습니다. 우리는 그리스도의 백성이 늘 변화하고 때로 적대적인 문화에 맞서 굳건히 버티기 위해서는 무엇보다 이 오래된 교육이 교회에 필요하다고 믿습니다.

이 커리큘럼의 목적은 무엇인가요?

아이들에게 교리를 가르치기 위하여!

아이들은 끊임없이 배웁니다. 아이들이 지닌 탐구 정신은 정말 놀라운 속도로 정보를 빨아들입니다. 그들은 살아가기 위해서, 그리고 더 나아가 번성하기 위해서 기술을 습득하며 복잡하고도 변화무쌍한 세상을 이해하려고 노력합니다. 그렇게 배우는 동안 아이들의 정신에는 이해의 틀이 세워집니다. 우리는 이것을 세계관이라고 부릅니다. 아이든, 어른이든 누구나 나름의 세계관을 통해 세상을 관찰하고 세상과 소통합니다. 아이를 키우면서 그들에게 세상과, 세상이 돌아가는 방법과, 그 세상에서 그들이 지닌 고유한 목적을 이해시키는 것은 가슴 뛰면서도 매우 큰 책임이 따르는 일입니다.

아이에게 교리를 가르친다는 것은 논리 정연하고 폭넓은 사고 체계를 심어 주어 성경적 틀 안에서 세상과, 그 안에서 겪은 자신의 경험을 자신 있게 해석하도록 준비시키는 것입니다. 또한 신앙에 필요한 기본 교리를 이해하고 사랑하도록 아이들을 양육하는 것입니다. 아이에게 교리를 가르치는 것은 평생의 믿음을 위해 깊고 굳건한 성경적 기반을 다지는 일입니다.

덕을 세우기 위하여!

「뉴시티 교리문답 커리큘럼」은 아이들이 건전한 교리를 배울 뿐 아니라 그 교리에 반응하고 교리대로 살아가도록 돕기 위해 만들어졌습니다. 「뉴시티 교리문답」에 있는 각 질문은 그리스도인의 열 가지 덕목 가운데 하나를 다루는 "덕목 찾기"(Virtue Vision)를 포함하고 있습니다. 어떤 면에서 이 열 가지 덕목은 교리문답의 질문과 연결됩니다. 그 덕목은 "경외, 용서, 감사, 정직, 희망, 겸손, 기쁨, 사랑, 인내, 신뢰"입니다.

「뉴시티 교리문답 커리큘럼」에서 강조하고 의도하는 것은 각 과를 배우는 아이들의 마음을 가꾸어 주고 그 마음에 중요한 영향을 끼치는 것입니다. 교리문답이 경건하고 성숙하며 덕스러운 젊은이들을 양육하는 데 크게 기여하리라는 희망을 품고 말입니다. 이것은 행동을 변화시키기보다는 아이들이 교리문답과 커리큘럼을 통해 하나님 말씀을 마주할 때 세심한 마음으로 그 말씀을 의식하도록 돕는 것입니다. 이 커리큘럼은 성경으로 빚어져서 이 시대를 거스르며 세상에서 우뚝 서는 성숙한 그리스도인의 특성을 아이들 안에 키우고자 합니다. 이 커리큘럼은 아이들의 마음과 생각 모두를 그리스도인답게 단련시켜 하나님과 이웃을 사랑하도록 준비시킵니다(아이들 안에 믿음과 덕목을 키우는 데 도움을 줄 정보와 연구 자료를 더 찾고 싶다면, newcitycatechism.com/virtue를 방문하십시오).

커리큘럼 활용법

「뉴시티 교리문답 커리큘럼」은 초등학생에 맞추어 흥미롭고 활동적이며 창의적인 과정으로 기획되었습니다. 이 커리큘럼은 문1에서 시작하여 문52에 이르기까지 순서대로 가르치도록 구성되어 있습니다. 한 주에 한 과씩 다룬다면, 일 년 동안 가르칠 수 있습니다. 그러나 이 과정은 각 교회나 학교 일정에 맞추어 얼마든지 바꿀 수 있습니다.

커리큘럼은 세 권으로 나뉘어 출간되었습니다.

1권 : 성부 하나님, 창조와 타락, 율법 (문답 1-20에 해당하는 스무 과)
2권 : 성자 하나님, 구속, 은혜 (문답 21-35에 해당하는 열다섯 과)
3권 : 성령 하나님, 회복, 성화 (문답 36-52에 해당하는 열일곱 과)

각 과의 분량은 다양한 상황에 맞추어 변형할 수 있습니다. 13쪽에 있는 "학습 계획"의 세 가지 예시를 참고하십시오. 학습 계획 예시들은 분량이 다양한데, 이것은 각 수업 환경에 맞도록 커리큘럼을 적절하게 조정할 수 있다는 것을 강조합니다. 가장 기본이 되는 요소들은 가장 짧은 개요에 포함되어 있습니다. 시간을 더 많이 활용할 수 있다면, 기본 요소들을 보강해 줄 다른 활동들을 선택하여 좀 더 긴 학습 개요를 적용할 수도 있습니다.

각 요소에는 시간이 할당되어 있습니다. 즉 이것은 대략적인 안내서일 뿐이라는 의미입니다. 한 요소에 걸리는 시간은 함께 학습하는 아이의 수나 연령대, 교사 수 등 여러 요인에 따라 달라질 수 있습니다. 각자 상황에 따라 각 요소에 얼마나 시간이 필요할지를 신중하게 정하십시오. 활동이 잘 진행된다면 할당된 시간을 넘길 수도 있습니다. 또는 시간을 다 채우지 않고 마무리하는 것이 더 좋은 방법일 수도 있습니다.

수업 계획안에 규정된 대로 정확하게 해야 한다는 의무감은 버려도 됩니다. 아이들이 좋아하는 특정 교리문답 정리 방식이 있다면, 수업 계획안에서 지시하는 방식보다는 그 방식을 자유롭게 활용하십시오. 마찬가지로 아이들이 더 잘 암송하도록 돕는 특정 방법이 있다면, 그 방법을 더 많이 활용하십시오.

어떤 반에는 조용한 활동을 좋아하는 아이들이 모여 있을 것입니다. 또 어떤 반에는 몸을 움직이는 활동을 좋아하는 아이가 많을지도 모릅니다. 아이들에 따라 효과가 분명한 방식을 적용하여 교리를 설명하십시오. 그럴수록 「뉴시티 교리문답 커리큘럼」을 통해 더 성공적으로 아이들을 훈련할 수 있을 것입니다.

암송은 이 커리큘럼의 기본 요소입니다. 이 커리큘럼의 핵심은 아이들이 교리문답의 질문과 대답, 그리고 그에 따른 성경 구절을 배우도록 돕는 것입니다. 각 과는 암기 과제

(교리문답 정리)로 시작해서, 암송 놀이(암송 활동)로 마무리됩니다. 교리문답 정리는 아이들이 그동안 배운 교리문답의 질문들을 기억해 내고 강화하도록 돕습니다. 암송 활동은 성경 구절을 배우거나 새로운 교리문답의 질문을 암송하는 데 활용될 수 있습니다.

때로 교리문답 정리 부분에서는 다양한 활동에 맞춰 질문과 대답을 다양한 크기로 프린트할 필요가 있습니다. "(다운로드)"라는 표시는 이 활동을 위해 준비한 PDF를 죠이북스 홈페이지(www.joybooks.co.kr) 자료실에서 다운받을 수 있다는 의미입니다.

많은 과에 포함된 시각 자료들은 자료집에서 찾아볼 수 있습니다. 이 자료들은 자료집에서 복사하거나 죠이북스 홈페이지 자료실에서 다운받을 수 있습니다. 어떤 자료는 활동에 필요한 연습 문제지입니다. 그런 경우에는 아이 한 명당 하나씩 필요합니다. 또 어떤 자료는 함께 토론하는 데 유용한 시각 보조 자료입니다. 이 자료용 사진이나 그림은 확대해서 프린트하거나 복사하면 더 유용할 것입니다.

아이들을 더 잘 이끌고 사랑하기 위한 방법

아이들은 사랑이 풍성한 환경에서 가장 잘 배웁니다. 한결같은 수업 인도는 아이와 인도자 사이에 좋은 관계를 맺을 수 있게 합니다. 비록 이것이 늘 유지되도록 하는 것은 힘들겠지만 얼마간은 지속하는 것을 강하게 권합니다.

어떻게 기도할 것인가

여러분이 가르치는 아이들을 더욱 사랑하는 가장 좋은 방법은 그 아이들을 위해 꾸준히 기도하는 것입니다. 아이들을 일곱 팀으로 나누십시오. 그리고 일주일 동안 하루에 한 팀씩 아이들을 위해 기도하십시오.

수업을 시작하기 전에 인도자들은 함께 모이십시오. 그리고 교리를 배우는 아이 한 사람 한 사람의 마음과 생각에 하나님이 일하시길 기도하십시오.

수업을 어떻게 계획할 것인가

수업 계획은 매우 중요합니다. 수업 전날 밤에 벼락치기하듯 준비하는 것은 좋지 않습니다!

여러분이 돌보는 아이들에게 신실하고 호감이 갈 만한 방식으로 교리를 가르칠 수 있도록 하나님이 도와주시길 기도하며 수업 계획을 시작하십시오.(각 과마다 인도자가 드릴 기도가 포함되어 있습니다). 커리큘럼 자료를 충분히 읽으면서 수업 계획을 세우는 데 활용할 요소들을 주의 깊게 생각하십시오. 시간 배분에 주의를 기울이십시오. 특히 성경 본문을 제대로 가르칠 시간을 충분히 남겨 두십시오.

여러분의 수업 계획에 포함시킬 요소들을 결정했다면, 인도자가 준비해야 할 목록("준비하십시오")을 살펴보고 수업에 필요한 자료가 무엇일지 정합니다. 보조 자료를 구매해야 할 수도 있으므로 많은 시간을 들여 이 목록을 꼼꼼히 점검하는 것이 중요합니다. 목록에 실린 보조 자료는 대부분 쉽게 구할 수 있습니다.

마지막으로 성경 본문과 "수업 개요"를 여러 번 읽으십시오. 수업 개요는 단지 안내자일 뿐입니다. 저마다 자신이 가르치는 아이들과 상황에 맞추어 수업 개요를 더 상세히 하거나 변형할 수 있습니다. 여러분 자신의 말로 이야기를 써 보십시오. 그리고 여러분이 가르치는 아이들과 연관될 만한 사례와 적용을 포함해 보십시오.

각 과마다 "토론과 질문" 시간이 있습니다. 이 부분은 인도자가 아이들에게 질문하는 시간이 아닙니다. 그보다는 아이들이 물을 만한 질문들에 인도자가 대비할 수 있도록 도와주는 부분입니다. 여러분이 가르치는 아이들이 던지는 질문은 모두 다를 것입니다. 여러분이 하나님 말씀에 따라 잘 대답할 수 있도록 성령님께 도움을 구하는 것이 꼭 필요합니다.

반을 어떻게 운영할 것인가

아이들은 경계선이 확실한 상황에서 즐거워하고 잘 성장합니다. 함께 공부하는 동안 어떻게 행동하길 바라는지를 아이들과 명확하게 소통하십시오. 예를 들면 다음과 같습니다.

- 하고 싶은 말이 있을 때는 손을 든다.
- 다른 사람이 말하고 있을 때는 말하지 않는다.
- 허락 없이 공부하는 자리를 떠나지 않는다.
- 다른 아이들과 늘 사이좋게 지낸다.

그러나 아이들이 있는 곳은 학교가 아니라는 사실을 명심하십시오. 즉 경계선을 분명히 하면 도움이 되지만, 배우는 환경에는 기쁨과 은혜가 풍성해야 합니다. 인도자는 저마다 아이들에게 그리스도인의 덕목을 분명하게 보여 주는 본이 되기 위해 힘써야 합니다. 특히 「뉴시티 교리문답 커리큘럼」에서 강조하는 열 가지 덕목을 보여 주어야 합니다.

수업이 지루하거나 잠시 중단될 때면 아이들은 장난을 칩니다. 따라서 좋은 계획과 준비가 수업을 하는 데 도움을 줄 것입니다.

수다스럽거나 수업 분위기를 흐리는 아이 곁에 앉아 그 아이가 집중하고 수업에 잘 참여할 수 있도록 독려하십시오. 집중하도록 도울 때는 그 아이에게 불필요한 관심이 쏠리지 않아야 합니다. 덜 야단스러울수록 더 좋습니다.

함께 공부하는 아이들의 이름을 외우는 것이 좋습니다. 그래서 대답할 아이를 지적하거나 칭찬을 해줄 때는 이름을 부르는 것이 효과적입니다. 함께 공부하면서 아이들이 서로 이야기를 나누게 하는 것은 아이들로 하여금 적극적으로 듣는 자세를 키워 줍니다.

심각하게 문제를 일으키는 아이와는 개인적으로 만나 이야기를 나누십시오. 그 아이의 행동이 나머지 아이들에게 얼마나 해롭고 마음을 산란하게 하는지 잘 설명하십시오. 그래도 계속 문제를 일으킨다면, 그 아이의 부모님도 함께 수업에 참여시키는 것도 좋은 방법입니다.

어떻게 암송을 도울 것인가

암송을 잘하는 비결은 반복입니다! 단 한 번만 듣고도 아이들이 잘 기억하길 바라는 것은 허황된 기대입니다. 특히 창조적인 반복 학습이 암송에 도움을 줍니다. 예를 들면, 계속 반복해서 듣거나 노래를 부르면 머릿속에 잘 기억될 수 있습니다. 아이들은 다양한 방식으로 배웁니다. 듣고, 보고, 행하는 모든 방법이 아이들의 암송을 도울 수 있습니다.

복습 역시 암송을 돕는 아주 좋은 수단입니다. 그래서 「뉴시티 교리문답 커리큘럼」은 모든 과가 "교리문답 정리"로 시작합니다. 정기적인 복습은 암송 실력을 상당히 높여 줍니다. 그렇기 때문에 「뉴시티 교리문답 커리큘럼」을 교회에서뿐 아니라 가정에서도 함께 공부한다면 더욱 효과적일 수 있습니다.

설명도 암송하는 데 매우 중요합니다. 무언가를 이해하고 있다면, 기억하기가 훨씬 쉽기 때문입니다. 아이들이 교리문답의 질문과 답이 무슨 내용인지 이해한다면, 교리문답의 질문을 더욱 깊이 새길 수 있을 것입니다.

아이들 마음에 어떻게 적용시킬 것인가

아이들을 훈련하고 지도하는 일과 그들의 마음을 보살펴 그들의 특성을 잘 살리는 일은 아주 긴밀하게 연결되어 있습니다. 그렇기 때문에 아이들을 가르치는 사람인 인도자는 아이들이 배운 내용이 머리에서 가슴으로 옮겨 가도록 돕는 일에 관심을 기울여야 합니다. 지식적으로 무언가를 알고 이해하는 것과 진리에 깊이 영향을 받은 마음을 품는 것은 큰 차이가 있습니다.

그렇다면 아이들을 가르치고 훈련하며 교리를 교육할 때, 그 아이들의 마음을 어떻게 사로잡아야 할까요? 우선 그 일이 쉽지 않다는 것을 인정해야 합니다. 그 일은 굉장히 힘들 뿐 아니라 굳은 결의가 필요합니다. 성경을 잘 가르치는 일, 즉 지식을 머리에 넣는 일은 상당히 쉽습니다. 반면 그 성경을 아이들 마음에 잘 심어 주는 일, 즉 지식이 가슴에서 잘 자라게 하는 일은 상당히 어렵습니다.

마음의 틀을 짜고 형태를 만드는 일은 과정이라는 사실을 기억하는 것이 중요합니다. 그 일은 시간이 걸릴 뿐 아니라 나이와 시기, (육체적, 정서적, 사회적) 발달 정도에 따라 아이들마다 모두 다르게 나타납니다. 영적 성숙에 관해서라면 더욱 모든 상황이 같지 않습니다.

아이들에게 "마음의 언어"를 사용해 보십시오. 마음의 언어는 아이들의 마음이 중요하다는 것과 그 마음이 삶의 방식에 영향을 끼친다는 것을 아이들 안에 스며들게 하는 데 도움이 될 것입니다.

인도자가 매주 바뀐다면, 아이들에게 진정으로 마음 깊이 적용시키는 일이 훨씬 어려워집니다. 인도자와 아이들의 관계가 깊어지지 못하기 때문입니다. 인도자가 아이들을 잘 알아야 아이들에게 말씀을 잘 적용할 수 있습니다. 아이들의 마음을 사로잡아 (단순히 지식으로의 하나님에 대해서가 아니라) 하나님을 잘 알게 하려면 의미 있는 관계를 맺어야 합니다. 아이들은 자기 마음에 하나님 말씀을 적용하고자 애쓰고, 자신들 앞에서 정직하고 투명한 삶을 살아가는 그리스도인 어른들의 삶을 정기적으로 접해 봐야 합니다.

덕목은 단순히 가르쳐서 되는 것이 아닙니다. 삶으로 보여야 합니다! 인도자는 자신의 삶에 그리스도인의 특성을 드러내어 오늘날 이 세상에서 이 교리들을 어떻게 살아내는지를 아이들에게 본으로 보여야 합니다. 인도자가 진정한 신앙을 드러내고 덕목대로 살아간다면, 아이들에게 매우 유익하고 큰 용기를 불어 넣어 줄 수 있습니다. 또한 인도자의 영혼도 분명 성장할 것입니다.

이야기를 나누며 분명한 예시와 사려 깊은 적용을 활용하는 것은 아이들의 마음을 사로잡는 데 매우 중요한 방법입니다. 그렇기 때문에 자신이 가르치는 아이들에게 더 깊은 반향을 일으킬 수 있도록 「뉴시티 교리문답 커리큘럼」의 수업 개요를 저마다 자기 상황에 맞추는 작업이 매우 중요합니다.

아이들을 효과적으로 참여시키려면, 아이들의 마음을 알고 이해하기 위해 엄청난 노력을 쏟아야 합니다. 특히 아이들이 우상으로 숭배하고 싶어 하는 것은 더욱 그렇습니다. 이 말은 인도자가 아이들의 세상을 잘 알고 이해해야 한다는 의미입니다. 아이들이 보는 것과 배우는 것, 또래 아이들이 말하는 것, 그리고 궁극적으로 아이들이 세상에서 마주하는 세계관을 알아야 합니다.

마음을 참여시키고자 애쓸 때는 아이들과 일대일로 공부하는 방식이 특히 유용합니다. 교실에서 또는 부모님과 집에서 배울 때는 일대일로 공부할 수 있습니다. 일대일로 공부할 때는 아이들이 인도자에게 마음을 꿰뚫는 질문을 하기도 하고, 다시 인도자가 아이들에게 그러한 질문을 던질 수도 있습니다.

우리는 아이들에게 자기 마음에 설교하는 기술을 가르칠 기회를 얻었습니다. 이 기술 때문에 교리문답이 끊임없이 활용되는 것입니다.

멜라니 레이시
"어린이와 청소년을 위한 신학"(Theology for Children and Youth) 책임자
오크힐 대학

학습 계획

75분 수업 계획
- 교리문답 정리(5분)
- 질문 소개(5분)
- 활동(10분)
- 수업 개요(15분)
- 활동(10분)
- 토론과 질문(5분)
- 덕목 찾기(10분)
- 암송 활동(10분)
- 마치는 기도(5분)

45분 수업 계획
- 교리문답 정리(10분)
- 질문 소개(5분)
- 수업 개요(15분)
- 토론과 질문(5분)
- 덕목 찾기(10분)

30분 수업 계획
- 교리문답 정리(10분)
- 질문 소개(5분)
- 수업 개요(15분)

→ 아이들에게 가장 효과적인 시간을 선택하여 **활용하십시오.**

→ 아이들에게 가장 효과적인 수업 요소들을 서로 섞고 수정하는 것을 **두려워하지 마십시오.**

인도자 가이드 1

성부 하나님
창조와 타락
율법

문1

사나 죽으나 우리의 유일한 희망은 무엇입니까?

답

우리는 우리 자신에게 속한 것이 아니며, 하나님께 속한 것이라는 사실입니다.

핵심 개념
예수 그리스도를 통해 하나님과 맺은 관계에서만 확실한 희망을 찾을 수 있다.

목적
하나님의 자녀는 하나님께 속했으며 그분을 위해 살아야 한다는 사실을 아이들이 이해하도록 돕는다.

성경 본문
로마서 14장 7–12절

암송 구절
"우리 중에 누구든지 자기를 위하여 사는 자가 없고 자기를 위하여 죽는 자도 없도다 우리가 살아도 주를 위하여 살고 죽어도 주를 위하여 죽나니 그러므로 사나 죽으나 우리가 주의 것이로다"(롬 14:7–8).

핵심 덕목
용서

Notes

기억하십시오

아이들은 대체로 자신의 존재 목적을 정기적으로 생각하지 않지만, 삶의 의미를 가르치는 메시지는 날마다 접하고 있습니다. 대중매체, 학교, 친구, 가족, 이 모두가 아이들에게 훗날을 준비하고 집중하게 만듭니다. 어떤 사람들은 삶의 목적이 많은 돈을 버는 것 또는 단순히 행복해지는 것이라고 가르칩니다. 삶의 핵심은 세상에 긍정적인 영향을 끼치는 것이라고 주장하는 사람들도 있습니다. 종종 아이들의 마음은 창조주보다는 그들 자신이나 피조물에 희망을 품습니다. 이번 문답의 목적은 아이들이 하나님에 의해, 그리고 하나님을 위해 창조되었다는 것을 이해시키는 것입니다. 이 문답은 주 예수 그리스도를 통해 얻은 용서를 통해 우리가 하나님께 나아가며 그분께 희망을 두어야 한다는 것과, 그분만이 사나 죽으나 신실하신 분이라는 것을 보여 줍니다.

수업을 계획하고 가르칠 때 기억할 것들

- 아이들은 희망이라는 개념에 익숙하지만, 한계가 있습니다. 아이들은 내일 눈이 내리길 **바라거나**, 다가오는 생일에 엄청난 선물을 받길 **희망할** 것입니다. 아이들이 이해하고 있는 영원한 희망이라는 개념을 좀 더 확장시켜야 할 것입니다.
- 물론 돈처럼 하나님이 우리 삶에 베푸신 좋은 선물이나 행복한 느낌을 즐기는 것은 전혀 잘못된 것이 아닙니다. 다만 이처럼 좋은 것(good thing)들을 하나님(god thing)처럼 여길 때 문제가 생깁니다.
- 오직 예수님의 구원 사역을 통한 하나님의 용서를 아는 사람만이 하나님께 희망을 품을 수 있습니다.
- 인도자는 자신이 정한 시간 계획에 맞추어 이 문답에 있는 활동을 섞거나 수정할 수 있습니다(학습 계획을 예시한 13쪽을 참조하십시오). 그 요소들을 모두 할 시간이 없을지도 모릅니다. 여러분이 가르치는 아이들의 강점과 약점에 따라 각 활동을 자유롭게 응용하십시오.

기도하십시오

사랑이 많으신 하나님, 사나 죽으나 하나님이 제 희망이라는 것을 아는 기쁨을 누리게 해주세요. 제 삶에서 자비하신 창조주 하나님께 품은 희망을 피조물에 품은 희망으로 대체하고자 하는 영역이 무엇인지 깨닫게 해주세요.

이 문답을 배울 아이들이 주 예수님을 통해 얻은 용서를 아는 일이 얼마나 놀라운지를 분명하게 이해하도록 도와주세요. 그래서 그 아이들이 지금은 물론 앞으로도 영원히 하나님께만 희망을 품게 해주세요. 예수님의 이름으로 기도합니다. 아멘.

문1 | 사나 죽으나 우리의 유일한 희망은 무엇입니까?

준비하십시오
- 큰 종이 두 장
- 사인펜
- "문1 사진"(자료집)
- 암송 구절을 프린트한 종이 두 장

Notes

교리문답 정리

이 시간에는 아이들에게 교리문답이 무엇인지를 설명할 것입니다. 교리문답은 단순히 성경이 말하는 다양한 것을 배우는 방법입니다. 즉, 질문과 대답을 통해 배우는 것입니다. 교리문답은 믿음을 자라게 해줄, 성경적이고 재미있으며 흥미로운 방법이라고 말하면서 아이들을 독려하십시오. 역사를 살펴보며 여러 시기에 등장한 교리문답들을 설명하십시오. 하나님은 이 교리문답을 사용하셔서 그분과 그분 말씀을 배우게 하시고, 세상 여러 나라에 그분의 교회를 세우시고 성장시켜 굳건히 하셨습니다.

아이들이 읽을 수 있도록 「뉴시티 교리문답 키즈」를 나눠 주십시오.

문1 소개

다음 문장을 읽어 주고 아이들에게 어느 이야기에 나오는 내용인지 물어보십시오.

? 왕자가 바라는 유일한 희망은 유리 구두의 주인을 찾는 것이었습니다.
| 신데렐라

? 토끼가 바라는 유일한 희망은 맥그레거 씨가 물뿌리개 안에서 자신을 찾아내지 못하는 것이었습니다.
| 피터 래빗 이야기(베아트릭스 포터)

? 아이들이 바라는 유일한 희망은 아슬란이었습니다.
| 사자와 마녀와 옷장(C. S. 루이스)

아이들에게 "그들이 바라는 유일한 희망"이라는 말이 무슨 뜻이라고 생각하는지 물어보십시오. 아이들은 이야기에 나오는 인물이 어떤 상황이며, 그 상황에서 벗어나려면 어떤 도움이 필요한지 알고 있을 것입니다. 인도자는 희망이란 때로 누군가나 무언가를 신뢰하는 것임을 강조하십시오. 아이들에게 앞으로 바

Notes

라는 것이 무엇인지 물어보십시오.

문1을 읽어 주십시오. "사나 죽으나 우리의 유일한 희망은 무엇입니까?" 사람들은 살아가면서 많은 것을 희망하지만, 실제로 성경은 사나 죽으나 유일한 희망이 있다고 가르칩니다. 그리고 그 희망은 우리가 우리 자신에게 속한 것이 아니라 육체와 영혼, 삶과 죽음 모두 우리 하나님과 우리 구주 예수 그리스도께 속한 것입니다.

활동

큰 종이 두 장을 펼치십시오. 한 종이 위에는 "우리 가족"이라고 적고, 다른 종이 위에는 "하나님의 가족"이라고 적으십시오.

아이들에게 자기 가족이 지닌 좋은 점을 찾아보라고 하십시오. 아마 아이들은 부모님의 사랑, 살고 있는 집, 즐겁게 보낸 방학 등을 이야기할 것입니다. 아이들이 대답한 목록들을 적으십시오. 다른 아이가 자기 가족에 입양된다면 어떨지 물어보십시오. 이제 그 아이도 한 가족이 되었으니 지금까지 말한 좋은 점들을 누릴 수 있을까요?

그러고 나서 이번에는 하나님의 가족이 되는 좋은 점을 찾아보라고 하십시오. 아이들에게서 대답을 이끌어 낼 만한 질문들을 미리 준비하십시오. 예를 들어, "예수님이 왜 십자가에서 죽으셨는지 생각해 볼까?", "우리가 죽고 나면 어떻게 될까?"와 같은 질문입니다. 그리고 아이들이 말하는 대답들을 적으십시오.

사람은 누구나 가족 안에서 태어나지만(어떤 가족은 이상적이지 않다는 사실을 인정하면 좋을 것입니다), 모든 사람이 하나님의 가족으로 태어나는 것은 아닙니다. 하나님은 사람들을 자기 가족으로 부르시고 그들을 양자 삼으십니다! 하나님의 가족으로 입양되면 확실한 희망을 품을 수 있으며, 자신이 죄인이라는 사실을 깨닫고 예수님께 돌아와 죄를 고백하고 용서를 구하는 사람들만이 입양됩니다.

수업 개요

수업을 시작하면서 하나님께 도움을 구하십시오. 자신이 이번 문답을 신실하게 가르치게 해달라고, 아이들이 잘 듣게 해달라고 간구하십시오.

아이들에게 로마서 14장을 소개해 주십시오. 로마서는 바울이 쓴 편지이며, 14장에서 바울은 로마 교회의 성도들 사이에 생겨난 의견 충돌을 해결하려고 애쓰고 있습니다.

이 상황은 가족이 서로 다투는 것과 같습니다. 논쟁하고 있는 사람들은 모두 예수님 안에서 용서받아 하나님의 가족으로 입양된 자들입니다. 그들은 단지 자신이 어떻게 살아야 하는지에 동의할 수 없었습니다. 바울은 하나님의 가족인 사람들이 어떤 상황에서는 서로 다르게 행하겠지만 중요한 것은 그들이 하나님께 찬양과 영광을 돌리기 위해 애쓰는 것이라고 그들에게 설명합니다.

로마서 14장 7-12절을 읽으십시오. 아이들이 말씀을 함께 읽을 수 있도록 성경을 준비하십시오.

8절이 무슨 뜻이라고 생각하는지 아이들에게 물어보십시오. "우리가 주의 것"이라는 말씀이 무슨 의미일까요? 좋은 것일까요? 나쁜 것일까요?

사람들은 자신의 삶을 자신의 것이라고 믿는다는 사실을 아이들이 깨달을 수 있도록 도와주십시오. 그러나 예수님 안에서 용서받아 하나님의 가족으로 입양된 사람들은 하나님의 진노와 형벌에서 구원받았음을 알고 있습니다. 성경은 예수님을 믿지 않는 사람들을 죄의 노예라고 말합니다. 노예가 자유로워지려면, 값을 지불해야 합니다. 예수님은 죄인들을 위해 자신의 생명을 희생하시고 십자가에서 죄의 값을 지불하셔서 최종 대가를 치르셨습니다. 성경은 하나님의 가족으로 입양된 사람들은 엄청난 대가를 지불받고 이제는 하나님께 속한 삶을 살아간다고 말합니다. 하나님의 자녀가 된다는 것은 매우 놀라운 삶의 방식입니다. 매우 즐겁고, 자유로우며, 충만한 삶인 것입니다. 바울은 자신의 삶은 자신의 것이 아님을 로마 교회 성도가 이해하도록 돕고 있습니다. 그들이 존재하고 소유한 모든 것은 하나님께 속한 것입니다.

하나님을 위해 살아가는 것이 쉽다고 생각하는지 아이들에게 물어보십시오. 하나님을 위해 살지 못하게 하는 것이 무엇일지 물어보십시오. 십자가에서 예수님이 하신 일을 기억하는 것이 어떻게 하나님을 위해 살게 해주는지 생각해 보라고 하십시오(아이들에게 대답을 이끌어 낼 만한 질문을 준비하십시오).

아이들이 삶의 주인이신 하나님과 어떻게 살아갈 수 있을지 생각해 보도록 하십시오. 때로 아이들 자신이 주인이 되기를 얼마나 좋아하는지를 깨닫도록 도와주십시오. 아이들이 날마다 겪는 경험 가운데 하나님의 주 되심에 굴복하기 위해 싸워야 할 만한 몇 가지 예를 들려주십시오. 자신을 최우선으로 두고 싶은 유혹에 빠질 때가 언제인지 물어보십시오.

바울은 로마에 있는 그리스도인들이 자신의 삶에 집중하고 다른 사람들이 어떻게 사는지는 염려하지 않도록 도왔습니다. 아이들에게 12절을 읽어 주십시오. 언젠가 모든 사람은 하나님께 자신이 어떻게 살아왔는지를 말해야 합니다. 예수님이 십자가에서 대가를 치르셨기 때문에 하나님의 가족으로 입양된 사람들은 온전히 그분을 위해 살아야 합니다.

하나님의 가족으로 입양된다는 것은 그 가족이 되면서 얻게 되는 모든 좋은 점을 누리게 된다는 뜻임을 아이들에게 새겨 주며 마무리하십시오. 우리는 사나 죽으나 하나님을 신뢰

Notes

합니다. 그분이 우리와 함께하시고 그분에게서만 우리의 희망을 찾을 수 있다는 것을 알기 때문입니다.

아이들이 문1과 답을 기억하도록 도우면서 수업을 마치십시오.

이 내용은 단순히 수업 지도를 위한 것입니다. 가르치는 아이들과 상황에 따라 이 내용을 확장하거나 수정하십시오. 여러분의 말로 여러분의 이야기를 쓰십시오. 그리고 아이들에게 적절하게 응용할 만한 예화나 적용을 추가하십시오.

활동

교실 주변에 아이들의 생활을 보여 주는 다양한 사진들을 붙이십시오. 자료집에 있는 "문1 사진"을 잘라서 활용하십시오. 여러분이 가지고 있는 사진들도 자유롭게 추가하십시오.

- 텔레비전
- 아이패드 / 컴퓨터
- 학교
- 운동
- 음악
- 친구들
- 돈
- 쇼핑
- 가족

아이들을 둘씩 짝을 짓게 하고, 그림을 하나씩 정해 주십시오. 하나님께 속한다는 것이 삶의 다양한 요소를 활용하거나 그 요소들과 상호 작용하는 방법에 어떤 영향을 끼치는지 토론하게 하십시오. 짝을 지은 모든 아이가 그림을 전부 돌면, 자리에 앉히십시오. 그리고 하나님께 속한다는 것이 매일의 삶에 어떤 영향을 준다고 생각하는지를 다른 팀과 토론하게 하십시오.

토론과 질문

아이들은 다음과 같은 질문을 할 수도 있습니다.

? 하나님께 속한다는 것은 우리가 죄의 노예에서 하나님의 노예가 된다는 뜻인가요?

하나님께 속한다는 것은 하나님과 관계를 맺는다는 것입니다. 그 관계에서 우리는 완전한 자유를 찾을 수 있습니다. 세상은 기독교가 온통 규칙과 통제뿐이라고 생각할지 모르지만, 사실 하나님의 가족이 된다는 것은 삶을 충만하게 누리는 가장 좋은 길입니다.

문1 | 사나 죽으나 우리의 유일한 희망은 무엇입니까?

? 제가 늘 하나님을 위해 살 수 없다면 어떻게 되나요?

이 세상을 살아가면서 우리는 하나님을 위해 살려고 무척 애쓸 것입니다. 그러나 하나님이 그분의 성령으로 우리를 도우실 것입니다. 우리는 도움을 구하는 기도를 드릴 수 있습니다.

다음 질문을 통해 아이들이 자신의 삶을, 그리고 이 교리문답이 각자에게 어떻게 영향을 줄지를 생각하도록 도와주십시오.

- 세상이 삶의 의미에 대해 전하는 메시지에 어떻게 반응할 수 있을까요?
- 어떻게 늘 하나님에게 희망을 두기 위해 노력할 수 있을까요?
- 학교에 있는 다른 친구들에게 자신의 희망을 어떻게 설명할 수 있을까요?

Notes

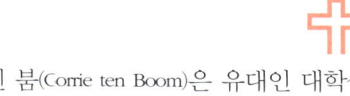

덕목 찾기

용서

수업을 시작하면서 가족에 속할 때 누리는 유익에 대해 대화한 것을 아이들에게 다시 한 번 이야기하십시오. 하나님이 우리를 그분의 가족으로 입양하셨을 때, 우리는 예수님을 통해 용서받은 것입니다. 이제 우리는 하나님께 속하고, 그분의 가족이 누리는 모든 특권을 누릴 수 있습니다. **용서를 받아들이는 것**은 쉬울지 몰라도, **용서하는 것**은 어려울 수 있습니다. 그러나 일단 하나님의 가족이 되면, 우리는 우리 아버지를 닮고 싶을 것입니다. 하나님은 예수님을 보내셔서 십자가에 달려 죽게 하심으로 죄인들에게 큰 자비를 보이셨습니다. 하나님의 자녀는 다른 사람들을 지체 없이 용서해야 합니다. 그 이유는 우리도 용서받았기 때문입니다.

아이들에게 다음 짧은 간증을 들려주십시오.

코리 텐 붐(Corrie ten Boom)은 유대인 대학살(Holocaust) 기간에 생명을 위협받는 유대인들을 도와 구해 준 여인입니다. 그래서 그녀는 그 이유로 감옥에 갇혔습니다. 수년이 지나 감옥에서 풀려난 뒤, 어느 날 예배 시간에 코리 텐 붐은 자신의 교도관이던 남자와 마주쳤습니다. 코리는 예수님을 통해 하나님이 베푸신 용서에 대해 이야기했습니다. 코리의 말을 다 듣고 나서 그 남자는 코리에게 다가가 자신도 예수님 안에서 용서를 받았으며 하나님의 가족이 되었다고 말했습니다. 그 남자는 코리와 악수하고 싶어 했지만, 그 순간 코리는 자신과 다른 사람들이 감옥에서 겪은 온갖 끔찍한 일들이 떠올랐습니다. 코리는 쉽게 그 남자와 악수할 수 없었습니다. 그러나 곧 코리는 자신이 용서받은 하나님의 자녀라는 사실을 기억했습니다. 하나님께 속한 자인 코리는 그분

Notes

을 위해 살아야 했습니다. 그래서 하나님께 기도하며 그 교도관을 용서할 힘을 달라고, 그도 하나님의 가족이 된 것을 기뻐하게 해 달라고 간구했습니다. 하나님은 코리의 기도에 응답하셨습니다.

암송 활동

암송 구절을 프린트하여 단어별로 자르십시오. 성경 구절을 암송하지 않을 거라면, 이 활동은 아이들이 교리문답의 문답을 암송하도록 도와주는 데 활용할 수 있습니다.

아이들을 두 팀으로 나누십시오. 아이들에게 암송 구절을 읽어 주십시오. 처음 암송 구절을 읽을 때는 아이들이 한 단어씩 따라 읽게 하십시오.

다시 암송 구절을 읽을 때는 아이들이 함께 읽게 하십시오. 암송 구절 단어 카드를 각 팀에 한 세트씩 나눠 주십시오. 단, 성경 구절 순서대로 나눠 주어서는 안 됩니다! 아이들에게 정확한 순서로 배열해 보라고 하십시오. 먼저 정확하게 배열한 팀에게 상을 줄 수 있습니다. 마지막으로 암송 구절을 암송해 보십시오.

마치는 기도

인도자는 아이들이 하나님을 위해 살고 그분이 삶의 주인이 되어 주시기를 하나님께 간구하는 짧은 기도를 드리게 하며 수업을 마치십시오.

문2

하나님은 어떤 분입니까?

답

하나님은 모든 사람과 모든 것을 지으신 분입니다.

핵심 개념
오직 성경을 통해서만 하나님을 온전히 알 수 있다.

목적
성경이 말하는 하나님이 어떤 분인지를 아이들이 이해하도록 돕는다.

성경 본문
시편 86편

암송 구절
"주여 신들 중에 주와 같은 자 없사오며 주의 행하심과 같은 일도 없나이다 주여 주께서 지으신 모든 민족이 와서 주의 앞에 경배하며 주의 이름에 영광을 돌리리이다 무릇 주는 위대하사 기이한 일들을 행하시오니 주만이 하나님이시니이다 …… 그러나 주여 주는 긍휼히 여기시며 은혜를 베푸시며 노하기를 더디하시며 인자와 진실이 풍성하신 하나님이시오니"(시 86:8-10, 15).

핵심 덕목
경외

Notes

기억하십시오

오늘날 아이들(특히 서구 사회의 아이들)은 삶에서 하나님을 지우려고 하는 환경에서 자라고 있습니다. 이러한 무신론적 세계관은 "하나님은 존재하지 않는다"고 공격적으로 선언하는 운동들과 함께 점점 대중화되고 있습니다. 하나님을 믿는 믿음이 남아 있는 곳에서도 그 하나님을 성경에 나타난 그대로 이해하지 않는 경우가 종종 있습니다. 이번 문답에서는 아이들에게 성경이 말하는 하나님을 소개하고, 하나님은 존재하시며 우리는 그분에 대해 알 뿐 아니라 인격적으로 알 수 있다는 확신을 심어 주고자 합니다.

수업을 계획하고 가르칠 때 기억할 것들

- 기독교 환경에서 자란 아이들은 이미 하나님을 굳게 믿고 있을 것입니다. 그러나 그 아이들도 점점 하나님을 지우고 싶어 하는 세상에서 어떻게 살아야 할지를 이해하도록 도와주어야 합니다.
- 하나님을 더 깊이 알고 사랑하기 위해서는 아이들 스스로 성경을 찾아볼 수 있도록 독려해 주어야 합니다.
- 인도자는 자신이 정한 시간 계획에 맞추어 이 문답에 있는 활동을 섞거나 수정할 수 있습니다(학습 계획을 예시한 13쪽을 참조하십시오). 그 요소들을 모두 할 시간이 없을지도 모릅니다. 여러분이 가르치는 아이들의 강점과 약점에 따라 각 활동을 자유롭게 응용하십시오.

기도하십시오

위대하신 하나님, 당신만이 하나님이셔서 감사합니다. 우리가 하나님을 알 수 있고, 성경을 통해 제가 날마다 하나님을 조금 더 이해할 수 있음을 감사합니다. 이번 수업을 준비하면서 하나님을 향한 사랑이 더욱 깊어지게 해주십시오. 함께 배우는 아이들이 하나님이 누구이시며 어떤 분인지를 더 명확하게 이해하게 해주십시오. 예수님의 이름으로 기도합니다. 아멘.

준비하십시오

- 유명한 사람들의 자서전 몇 권(또는 자서전 사진 몇 장)
- 흰 종이
- 사인펜
- 무신론 세계관을 보여 주는 책, 잡지 또는 텔레비전 영상

문2 | 하나님은 어떤 분입니까?

- 봉투
- 테이프
- 작은 막대 사탕 또는 작은 장난감
- "문2 하나님의 속성"(자료집)

Notes

교리문답 정리

아이들이 이전 문답을 기억하는지 확인하기 위한 퀴즈입니다.

- 문1은 무엇이었나요?
  사나 죽으나 우리의 유일한 희망은 무엇입니까?
- 문1의 답은 무엇인가요?
  우리는 우리 자신에게 속한 것이 아니며, 하나님께 속한 것이라는 사실입니다.
- 암송 구절은 무엇이었나요?
  "우리 중에 누구든지 자기를 위하여 사는 자가 없고 자기를 위하여 죽는 자도 없도다 우리가 살아도 주를 위하여 살고 죽어도 주를 위하여 죽나니 그러므로 사나 죽으나 우리가 주의 것이로다"(롬 14:7-8).
- 용서에 관한 이야기에 나온 여성의 이름은 무엇이었나요?
  코리 텐 붐

잘 대답한 아이들을 칭찬해 주십시오. 그리고 이제 문2로 넘어갈 준비가 되었다고 말해 주십시오.

문2 소개

유명한 사람들의 자서전을 준비하여 아이들에게 보여 주십시오. 그 자서전에는 아이들이 잘 알 만한 인물들을 포함하십시오.

아이들에게 자서전을 읽어 본 적이 있는지 물어보십시오. 자서전은 사람들이 자기 자신에 대해 쓴 책이라는 것을 설명하십시오.

준비해 온 자서전 몇 권을 아이들에게 보여 주십시오. 유명한 사람을 알게 되는 것은 쉽지 않지만 자서전을 읽으면 그들을 조금 더 알 수 있습니다.

문2를 읽어 주십시오. "하나님은 어떤 분입니까?" 이번 문답에서는 하나님 자신의 이야기인 성경을 통해 그분을 알아가는 데 초점을 맞출 것입니다.

Notes

활동

아이들에게 종이 한 장과 사인펜을 나눠 주십시오. 그리고 책처럼 종이를 반으로 접도록 지도하십시오.

아이들에게 자서전에 쓸 만한 내용을 생각해 보라고 하십시오.

- 사람들이 자신에 대해 어떻게 알기를 바라나요?
- 세상이 알아야 할 어떤 훌륭한 일을 했나요?

아이들에게 자서전 앞표지를 꾸며 보라고 하십시오. 그리고 자서전 뒤표지에 넣을 간략한 요약 글을 써보라고 하십시오.

수업 개요

수업을 시작하면서 하나님께 도움을 구하십시오. 자신이 이번 문답을 신실하게 가르치게 해 달라고, 아이들이 잘 듣게 해달라고 간구하십시오.

이번 문답을 소개하면서 아이들에게 사람들은 하나님에 대해 어떻게 말하는지를 알려 주십시오. 어떤 사람들은 하나님이 계시지 않다고 말합니다. 또 어떤 사람들은 하나님이 진정으로 어떤 분인지를 우리가 알 수 없다고 말합니다. 어떤 사람들은 하나님을 자신이 원하는 모습으로 만들기도 합니다. 살다 보면 이러한 견해들을 만날 수도 있다는 것을 아이들에게 알려 주십시오. 무신론 세계관을 보여 주는 책, 잡지 또는 텔레비전 영상과 같은 몇 가지 증거를 보여 주면 도움이 될 것입니다(예를 들어, 티모시 프리크 「예수는 신화(神話)다」 혹은 리처드 도킨스 「만들어진 신」의 책 표지를 보여 주십시오).

이런 견해를 지닌 사람들을 학교나 친구들 사이에서 만난 적이 있는지 물어보십시오.

다시 아이들이 쓴 자서전 표지를 보라고 하십시오. 아이들이 쓴 짧은 글을 읽는 것으로도 아이들을 좀 더 잘 알게 되었다는 사실을 알려 주십시오.

하나님을 온전히 알 수는 없지만, 그분은 자신을 알리길 원하십니다. 그분은 사람들이 그분에 대해 알길 바라시며, 그후에는 진정으로 그분을 알기를 바라십니다. 하나님은 자신의 말씀인 성경을 통해 자신을 친절하게 드러내셨습니다. 하나님이 말씀하셨고, 그분 말씀이 성경에 기록되었습니다. 그래서 역사를 통틀어 모든 사람은 하나님이 하신 말씀을 들을 수 있습니다. 성경을 통해 말씀하시면서 하나님은 자신이 어떤 분인지를 나타내십니다.

시편 86편을 읽으십시오. 아이들이 말씀을 함께 읽을 수 있도록 성경을 준비하십시오.

이 시편은 다윗 왕이 썼습니다. 이 시편은 하나님과 다윗의 인격적인 관계를 잘 드러냅니다. 이 시편에서 다윗은 하나님이 선하시고

문2 | 하나님은 어떤 분입니까?

용서하시고 사랑이 풍성하신 분임을 알 수 있는 내용을 언급합니다.

아이들에게 8-10절을 읽고 그 구절에서 하나님에 대해 무엇을 배울 수 있는지 물어보십시오. 자신의 생각을 다른 아이들에게 나누어 보라고 하십시오.

이 구절들은 하나님의 힘과 위대하심을 보여 줍니다. 하늘에든 땅 위에든 하나님과 같은 분은 없습니다. 하나님은 능력이 있으셔서 언젠가는 모든 나라가 그분 앞에 엎드려 절할 것입니다. 그분은 만물을 주관하시고 통치하십니다.

이 시편에서 아이들이 이해할 만한 가장 아름다운 사실은 지혜로우시고, 전지하시며, 강하시고, 비할 데 없으시며, 다스리시고, 위대하신 이 하나님께 우리가 다가갈 수 있다는 것입니다. 이 시편에서 다윗은 하나님께 기도하며 울부짖습니다! 하나님은 영원하셔서 시작과 끝이 없으시며, 온 우주를 창조하시고 날마다 보호하시며, 끝없이 기적을 베푸시는 분이십니다. 이것을 아이들에게 상기시키십시오. 이 위대한 하나님이 자기 백성의 기도를 들으십니다.

이것은 하나님의 이야기라는 것을, 그리고 이 짧은 구절에서도 하나님은 그분 자신을 알리신다는 것을 아이들에게 새겨 주십시오.

11절에서 다윗이 하나님의 길을 가르쳐 달라고, 하나님을 위해 온전히 살게 해달라고 기도하고 있습니다(시 86:11). 다윗은 하나님이 누구이시며 어떤 분인지를 이해하고 있습니다. 다윗은 나뉘지 않은 한 마음으로 하나님을 따르고 싶어 합니다. 아이들에게 성경을 읽는 시간의 목적은 하나님을 더욱 알아가고 그분의 뜻대로 살아가는 삶을 더욱 온전히 이해하기 위한 것임을 알려 주십시오.

하나님은 살아 계시며 우리는 그분을 알 수 있다는 사실을 아이들에게 새겨 주며 마무리하십시오.

아이들이 문2와 답을 기억하도록 도우면서 수업을 마치십시오.

이 내용은 단순히 수업 지도를 위한 것입니다. 가르치는 아이들과 상황에 따라 이 내용을 확장하거나 수정하십시오. 여러분의 말로 여러분의 이야기를 쓰십시오. 그리고 아이들에게 적절하게 응용할 만한 예화나 적용을 추가하십시오.

Notes

Notes

활동

자료집에 있는 "문2 하나님의 속성"을 하나씩 잘라 작게 접으십시오. 이것을 작은 막대 사탕이나 작은 장난감에 하나씩 붙여서 교실이나 건물 곳곳에 숨겨 두십시오.

이 활동은 아이들에게 하나님의 속성을 더 많이 알려 줄 것입니다. 아이들이 계속 보물찾기를 하게 하십시오. 자리로 돌아올 때까지 찾은 물건들에 붙은 종이를 떼지 말라고 주의시키십시오. 일단 아이들이 자리에 앉으면, 물건에서 종이를 떼 내어 펼친 후 그 안에 적힌 속성과 의미를 소리내어 읽게 하십시오(막대 사탕을 사용했다면, 부모님께 허락을 받은 후에 먹게 하십시오).

- **영원하심**_ 하나님은 시작과 끝이 없으십니다.
- **의로우심**_ 하나님은 말씀하시고, 행하시고, 생각하시는 모든 것에 의로우십니다.
- **주관하심**_ 하나님은 모든 것을 다스리시고 통치하십니다.
- **거룩하심**_ 하나님은 완전하시며 죄가 없으십니다.
- **은혜로우심**_ 하나님은 친절하십니다.
- **무한하심**_ 하나님은 한이 없으십니다.
- **전지하심**_ 하나님은 모든 것을 아십니다.
- **지혜로우심**_ 하나님은 결코 실수하지 않으십니다.
- **신실하심**_ 하나님은 늘 약속을 지키십니다.
- **전능하심**_ 하나님은 모든 것을 하실 수 있습니다.
- **편재하심**_ 하나님은 언제 어디에나 계십니다.
- **불변하심**_ 하나님은 변함이 없으십니다.
- **자족하심**_ 하나님은 다른 누구나 다른 무엇이 필요하지 않으십니다.
- **자비하심**_ 하나님은 긍휼히 여기십니다.
- **불가해하심**_ 하나님은 인간의 이해를 뛰어넘으십니다.
- **지치지 않으심**_ 하나님은 결코 주무시지 않습니다.
- **인내하심**_ 하나님은 더디 화내십니다.
- **승리하심**_ 하나님은 늘 이기십니다.

토론과 질문

아이들은 다음과 같은 질문을 할 수도 있습니다.

? 성경이 말하는 하나님이 정말 제게 관심이 있으신가요?

하나님은 자신이 하신 말씀과 밀접하게 연관되어 있으며 자신의 자녀 한 사람 한 사람에게 관심이 있으십니다.

? 지금은 왜 하나님이 우리에게 직접 말씀하시지 않나요?

하나님은 지금도 성경을 통해 우리에게 직

문2 | 하나님은 어떤 분입니까?

접 말씀하고 계십니다. 성경은 결코 틀리지 않으며, 신뢰할 만합니다. 그리고 성경 이외에는 하나님의 권위 있는 음성을 분별하기가 매우 어렵다는 사실을 잊지 말아야 합니다.

? 하나님이 자신이 말씀하신 그 하나님임을 우리가 실제로 믿을 수 있나요?

모든 성경은 하나님의 특성을 증언합니다. 성경에 기록된 하나님의 강력한 행동은 그분이 자신이 말씀하신 그 하나님임을 거듭 확인시키십시오.

다음 질문을 통해 아이들이 자신의 삶을, 그리고 이 교리문답이 각자에게 어떻게 영향을 줄지를 생각하도록 도와주십시오.

- 한 번도 하나님에 대해 들어보지 못한 사람에게 성경이 말하는 하나님을 어떻게 설명할 수 있을까요?
- 하나님에 대해 더 넓은 견해를 갖는 것이 우리의 삶을 어떻게 변화시킬까요?

Notes

덕목 찾기

경외

아이들에게 종이 한 장과 봉투, 사인펜 몇 자루를 나눠 주십시오.

경외로 가득하다는 것은 매우 경탄하며 놀라워한다는 뜻입니다.

이번 문답에서 하나님이 누구이시며 어떤 분인지를 더 깊이 배우면서 어떠한 경외감이 들었는지를 묘사하는 편지를 자기 자신에게 써보게 하십시오.

아이들이 창조적으로 마음껏 편지를 꾸밀 수 있도록 독려하십시오. 봉투에 편지를 넣고 입구를 붙이게 하십시오. 그리고 봉투에 자기 이름과 주소를 적도록 하십시오.

주중에 아이들에게 그 편지를 보내십시오. 편지를 받은 아이들은 다시 한 번 위대하신 하나님을 되돌아보며 충만한 경외감을 느낄 것입니다.

암송 활동

이 암송 구절은 다른 문답의 암송 구절들보다 깁니다. 그래서 이번 문답의 암송 활동은 교리문답을 외우는 데는 적절하지 않을 수 있습니다. 이번 암송 구절을 외우기 힘들 것 같다면, 다른 문답의 암송 활동을 활용하여 문2를 확실하게 외우게 하십시오.

아이들은 네 팀으로 나누십시오. 그리고 각 팀

Notes

에 암송 구절 문장을 나눠 주십시오. 그 문장을 익힐 수 있도록 아이들에게 시간을 주십시오.

1. 주여 신들 중에 주와 같은 자 없사오며 주의 행하심과 같은 일도 없나이다.
2. 주여 주께서 지으신 모든 민족이 와서 주의 앞에 경배하며 주의 이름에 영광을 돌리리이다.
3. 무릇 주는 위대하사 기이한 일들을 행하시오니 주만이 하나님이시니이다.
4. 그러나 주여 주는 긍휼히 여기시며 은혜를 베푸시며 노하기를 더디 하시며 인자와 진실이 풍성하신 하나님이시오니(시 86:8-10, 15).

시간이 지난 후, 아이들을 모두 불러 모으십시오. 각 팀에게 자신이 맡은 구절을 암송하게 하십시오. 어떤 팀에게는 큰 소리로 암송하게 하고, 또 어떤 팀에게는 작은 소리로 암송하게 할 수 있습니다. 어떤 팀에게는 아주 높은 소리로, 또 어떤 팀에게는 아주 낮은 소리로 암송하게 할 수 있습니다. 모든 팀이 성경 구절을 함께 암송하게 하면서 수업을 마치십시오.

5 마치는 기도

아이들에게 하나님이 굉장한 분이라고 생각하는 이유를 말해 보라고 하십시오! 하나님이 성경을 통해 자신을 드러내시고 우리로 알게 하신 것에 감사드리며 함께 큰 소리로 하나님을 찬양하십시오.

문3

하나님께는 얼마나 많은 위격이 있습니까?

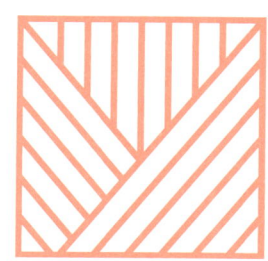

답

한 하나님께는 성부, 성자, 성령, 세 위격이 있습니다.

핵심 개념

하나님을 올바르게 예배하려면 기본적으로 삼위일체를 정확하게 이해해야 한다.

목적

하나님께는 성부, 성자, 성령, **세** 위격이 있고, 각 위격은 **온전한** 하나님이자 **한** 하나님이라는 것을 아이들이 이해하도록 돕는다.

성경 본문

고린도후서 13장 5-14절

암송 구절

"주 예수 그리스도의 은혜와 하나님의 사랑과 성령의 교통하심이 너희 무리와 함께 있을지어다"(고후 13:13).

핵심 덕목

경외

Notes

기억하십시오

삼위일체 교리의 개념은 아이뿐 아니라 어른도 이해하기 어렵습니다. 그러나 아이들이 삼위일체 교리를 알아가는 것은 중요합니다. 이 교리는 하나님이 누구이시며 어떤 분인지를 아는 지식을 더욱 넓혀 줄 것이기 때문입니다. 아이들은 학교, 친구, 대중매체 등 일상에서 만나는 다양한 관계를 통해 범신론적 종교를 접할 수 있습니다. 따라서 성경이 말하는 하나님은 한 분이며, 기독교는 유일신 신앙이라는 사실을 아이들에게 이해시키는 일은 중요합니다. 삼위일체 교리를 살펴보는 일은 하나님이 한 분이며 동시에 서로 다른 세 위격이 있다는 사실을 이해하도록 도와줄 것입니다. 이번 문답의 목적은 삼위일체 하나님이 지니신 아름다움과 다양성을 이해하기 시작하도록 아이들을 돕는 것입니다. 삼위일체가 어떤 이유에서는 종종 신비로 묘사된다는 사실을 주목하십시오. 따라서 이번 문답에서는 되도록 분명하고 간결하게 설명하되, 아이들이 이 교리를 온전히 이해하리라고 기대하지는 마십시오.

수업을 계획하고 가르칠 때 기억할 것들

- 아마 아이들은 삼위일체 교리를 부정확하게 설명하는 예시들(물과 기체와 얼음, 토끼풀, 달걀 등)을 들어봤을 가능성이 높습니다. 이러한 오해를 친절하게 바로잡아 줄 준비를 하십시오. 사람들이 사용한 많은 예시는 사실 이 교리를 제대로 알려 주지 못한다는 사실을 아이들에게 설명해 주십시오.
- 이 교리는 이해하기 어려운 개념이며 어른들도 상당히 힘들어 한다는 사실을 말해 주어 아이들을 안심시켜야 합니다. 인간의 사고로는 때로 하나님의 위대하심을 온전히 파악하기가 어렵습니다.
- 이번 문답에서는 언어를 일관되게 사용하는 것이 매우 중요합니다. 되도록 이번 문답의 질문을 간단하고 명확하게 설명하는 것을 목적으로 삼으십시오.
- 인도자는 자신이 정한 시간 계획에 맞추어 이 문답에 있는 활동을 섞거나 수정할 수 있습니다(학습 계획을 예시한 13쪽을 참조하십시오). 그 요소들을 모두 할 시간이 없을지도 모릅니다. 여러분이 가르치는 아이들의 강점과 약점에 따라 각 활동을 자유롭게 응용하십시오.

기도하십시오

아름다우신 삼위 하나님, 말씀 안에 성부 하나님, 성자 하나님, 성령 하나님으로 자신을 드러내심을 감사드립니다. 삼위 하나님의 본질을 더 깊이 알아갈수록 다양성 안에서 하나 된다는 것이 무슨 뜻인지를 더 잘 알게 하신 하나님을 찬양합니다. 아이들이 이번 문답을 잘

문3 | 하나님께는 얼마나 많은 위격이 있습니까?

Notes

이해하게 해주시고, 제가 하나님을 영화롭게 하는 방식으로 이번 문답을 설명하고 가르치게 도와주십시오. 이번 문답을 배우고 나서 하나님이 누구이시며 어떤 분인지를 아이들이 더욱 깊이 이해하게 되길 기도합니다. 예수님의 이름으로 기도합니다. 아멘.

준비하십시오

- 칠판으로 사용할 큰 종이
- 매직펜
- "성부 하나님", "성자 하나님", "성령 하나님"이 프린트된 종이
- "문3 삼위일체 도표"(자료집), 아이 수만큼
- 색연필
- 사인펜
- "경", "외"라는 글자가 적힌 두꺼운 종이

교리문답 정리

칠판처럼 글자를 쓸 수 있도록 벽에 큰 종이를 붙이십시오. 그리고 아이들이 사용할 매직펜을 준비하십시오.

아이들을 몇 팀으로 나누고, 팀마다 꾸밀 수 있는 영역을 정해 주십시오. 아이들에게 칠판 종이에 교리문답 문1과 문2를 기억하는 대로 자세히 그리고 꾸며 보게 하십시오. 문답을 떠올리도록 독려해 주십시오. "매우 독창적이에요", "거의 비슷해요", "아주 잘했어요" 라는 방식으로 구분하여 상을 줄 수도 있습니다.

문3 소개

"성부 하나님", "성자 하나님", "성령 하나님" 이라는 단어를 프린트하여 잘라 놓으십시오. 한 글자씩 잘라도 되고, 함께 공부하는 아이들이 적다면 한 단어씩 잘라도 됩니다. 통 안에 글자 또는 단어를 모두 넣으십시오.

오늘은 하나님에 대해 매우 어려운 개념을 배울 것이라고 아이들에게 미리 알려 주십시오. 이 단계에서는 아이들이 주의 깊게 잘 듣도록 북돋우면서도, 이 개념을 온전히 다 이해하지 않아도 괜찮다고 안심시키십시오. 통 안에 있는 종이를 바닥에 쏟아 문자를 맞추어 단어나

Notes

구절을 만들어 보도록 하십시오.

팀의 능력에 따라 힌트를 주거나 도와줄 수도 있습니다. 일단 퍼즐을 푼 아이들에게는 이번 시간에 배울 교리문답의 질문을 제시하십시오. "하나님께는 얼마나 많은 위격이 있습니까?" 아이들에게 한 분이면서 세 위격(성부, 성자, 성령)이 있는 하나님의 개념을 소개해 주십시오.

활동

다음에 제시된 참/거짓 퀴즈를 소리 내어 읽으십시오. 문장을 듣고 참이라고 생각한다면, 교실 오른편으로 가라고 하십시오. 문장이 거짓이라고 생각된다면, 교실 왼편으로 가라고 하십시오.

1. "삼위일체"라는 단어는 성경에서 찾아 볼 수 있다. (거짓)
2. 하나님은 한 분이다. (참)
3. 성부 하나님은 온전한 하나님이다. (참)
4. 하나님은 늘 세 위격으로 존재하신다. (참)
5. 성자 하나님은 마리아가 잉태했을 때 비로소 나타나셨다. (거짓)
6. 성자 하나님은 성부 하나님이 아니시다. (참)
7. 삼위일체의 위격은 저마다 구별된 역할을 맡고 계시다. (참)
8. 성부 하나님은 우리 죄를 위해 십자가에서 죽으셨다. (거짓)

수업 개요

수업을 시작하면서 하나님께 도움을 구하십시오. 자신이 이번 문답을 신실하게 가르치게 해달라고, 아이들이 잘 듣게 해달라고 간구하십시오.

삼위일체의 세 위격이 누구이신지 배운 적이 있는지 아이들에게 물어보십시오. 바라건대 아이들이 성부 하나님, 성자 하나님, 성령 하나님이라고 대답하면 좋을 것입니다.

"삼위일체"라는 단어의 "삼"은 셋을, "일"은 하나를 의미합니다. 이 단어는 하나님에 대해 성경이 우리에게 계시하는 것, 즉 하나님은 세 분이지만 모두 동일한 하나님의 본질을 지니셨다는 것을 인정합니다.

하나님에 대해 이해해야 할 핵심 사항들을 아이들에게 강조하십시오.

1. "하나님은 오직 유일한 분입니다"(신 6:4).
2. "하나님은 세 분(위격)입니다"(고후 13:14).
3. "각 위격은 온전한 하나님입니다." 성경은 하나님인 아버지(빌 1:2), 하나님인 예수 그리스도(딛 2:13), 하나님인 성령(행 5:3-4)을 말합니다. 각 위격은 3분의 1씩 나뉘신 하나님이

아니라 온전한 하나님임을 강조하십시오.
4. "삼위일체의 각 위격은 다른 위격들과 다릅니다." 성부는 성자를 세상에 보내셨기 때문에(요 3:16), 성자와 같은 위격일 수 없습니다. 마찬가지로 성자께서 성부에게 돌아가신 뒤(요 16:10), 성부와 성자는 성령을 세상에 보내셨습니다(요 14:26, 행 2:33). 따라서 성령은 성부와 성자와 구별되어야 합니다.
5. 삼위일체의 세 위격은 성부, 성자, 성령의 관계를 영원히 맺고 계십니다.

고린도후서 13장 5-13절을 읽으십시오. 아이들이 말씀을 함께 읽을 수 있도록 성경을 준비하십시오.

아이들에게 사도 바울과, 고린도 교회에 보내는 두 번째 편지를 소개해 주십시오. 바울이 고린도 교인들을 방문할 계획을 준비하며 편지를 썼습니다. 고린도 교회에는 바울이 해결해야 할 많은 문제가 있었습니다. 바울은 자신이 고린도에 도착했을 때 그리스도인들이 논쟁하고 다투고 있을까 봐 두려워하고 있었습니다.

이 아홉 구절은 바울이 고린도 교인들에게 하나님의 영광을 위해 순종하며 살아갈 것을 진심으로 도전하고 있음을 보여 줍니다. 바울은 널리 알려진 구절로 이 편지를 마치고 있습니다. 이 구절은 주로 교회에서 기도로 사용됩니다. "주 예수 그리스도의 은혜와 하나님의 사랑과 성령의 교통하심이 너희 무리와 함께 있을지어다."

바울은 이 구절에서 삼위일체의 세 위격을 언급하고 있습니다. 셋이면서 하나인 분이 계십니다! 이 기도에서 바울은 고린도 교인들에게 서로의 삶과 관계에 하나님이 얼마나 중요한지를 보여 주기 위해 애쓰고 있습니다. 이 구절에서 우리는 성부, 성자, 성령의 역할이 서로 구별된 것을 볼 수 있습니다.

바울은 먼저 성자 하나님인 예수님이 그분의 삶과 죽음으로 하나님의 은혜를 명확하게 나타내 보이셨다고 고백합니다. 은혜는 마땅히 받을 자격이 없는 사람에게 베풀어지는 호의입니다. 자신에게 불친절한 사람에게 친절을 베푸는 것, 그것이 바로 은혜입니다. 예수 그리스도는 삼위일체에서 하나님의 은혜를 우리에게 드러내시는 위격입니다. 죄인이 받아야 할 죄의 형벌을 하나님이 주 예수께 담당시키셔서 엄청난 은혜를 베푸셨음을 아이들에게 다시금 새겨 주십시오. 그러한 은혜를 경험한 사람들은 다른 사람에게도 은혜를 베풀어야 합니다.

그리고 바울은 고린도 교인들이 성부 하나님의 사랑을 알길 기도합니다. 바울은 예수님의 희생적 죽음을 통해 하나님과 관계를 맺은 사람들이 알게 된 아버지의 사랑을 묘사하고 있습니다. 성부 하나님의 위대한 사랑을 아는 자로서, 그리고 그분의 형상대로 지음 받은 자로서 우리는 사랑이라는 특성을 지니고 있음을 아이들에게 강조하십시오.

마지막으로 바울은 고린도 교인들이 성령 하나님의 교통하심을 알길 기도합니다. 성령

Notes

님을 통해 죄인들은 하나님과 교제할 수 있을 뿐 아니라 서로 교제할 수 있습니다.

은혜, 사랑, 교제를 경험하는 것은 하나님과 관계를 맺은 결과라는 것을 아이들에게 설명하며 마무리하십시오. 삼위 하나님은 성부, 성자, 성령, 세 위격으로 존재하십니다. 이 구절에서 각 위격은 우리에게 명확한 특징을 보여 줍니다. 예수님은 우리에게 하나님의 은혜를 보여 주시고, 아버지는 우리에게 사랑을 보여 주시며, 성령님은 우리를 교제로 이끄십니다. 이 세 위격은 하나이십니다.

아이들이 문3과 답을 기억하도록 도우면서 수업을 마치십시오.

이 내용은 단순히 수업 지도를 위한 것입니다. 가르치는 아이들과 상황에 따라 이 내용을 확장하거나 수정하십시오. 여러분의 말로 여러분의 이야기를 쓰십시오. 그리고 아이들에게 적절하게 응용할 만한 예화나 적용을 추가하십시오.

활동

자료집에 있는 "문3 삼위일체 도표"를 복사하여 아이들에게 한 장씩 나눠 주십시오.

아이들에게 빈 칸을 채워 보라고 하십시오. 시간이 충분하다면, 도표에 색을 칠해 보라고 하십시오.

아이들에게 다음 내용을 새겨 주십시오.

1. 하나님은 오직 유일한 분입니다.
2. 성부는 하나님입니다.
3. 성자는 하나님입니다.
4. 성령은 하나님입니다.
5. 성부는 성자가 아니십니다.
6. 성자는 성령이 아니십니다.
7. 성령은 성부가 아니십니다.

토론과 질문

아이들은 다음과 같은 질문을 할 수도 있습니다.

? 성경에는 "삼위일체"라는 말이 나오지 않는데, 왜 이 교리를 믿어야 하나요?

삼위 하나님의 특성은 성경에 매우 분명하게 나타나 있습니다. "삼위일체"라는 단어는 나오지 않지만, 이 교리는 성경에 분명 존재합니다. 또한 기독교 교회는 수천 년 동안 삼위일체를 믿어 왔습니다.

? 삼위일체 교리는 정말 이해하기 어려워요.

문3 | 하나님께는 얼마나 많은 위격이 있습니까?

Notes

제가 이 교리를 이해하지 못한다면, 저는 그리스도인이 아닌 건가요?

> 삼위일체는 이해하기 어려울 뿐 아니라 어른들도 삼위일체가 무엇인지를 온전히 이해하지 못합니다. 이 교리를 잘 이해하지 못하는 것은 우리가 하나님이 아니며 그분은 우리가 이해하기 힘든 분이기 때문입니다. 삼위일체를 이해하지 못한다고 해서 그리스도인이 아닌 것은 아닙니다.

? 삼위일체의 위격들은 성부, 성자, 성령의 관계를 영원히 맺고 계시다는 말이 무슨 뜻인가요?

> 하나님은 우리처럼 창조된 분이 아닙니다. 하나님은 언제 어디에나 늘 계셨고, 늘 계실 것입니다. 그렇기 때문에 성부 하나님, 성자 하나님, 성령 하나님도 늘 하나 됨과 사랑 안에서 서로 관계를 맺고 계십니다.

다음 질문을 통해 아이들이 자신의 삶을, 그리고 이 교리문답이 각자에게 어떻게 영향을 줄지를 생각하도록 도와주십시오.

- 하나님이 한 분 안에 계신 세 위격이시라는 것을 이해할 때, 하나님의 형상으로 지음 받았다는 말이 무슨 뜻일까요? (하나님은 완전한 하나 됨과 사랑 안에 존재하신다는 사실을 아이들에게 상기시키십시오. 이 교리가 개인적인 관계에 끼치는 영향과 공동체의 필요를 아이들이 이해하도록 도와주십시오.)

- 성부, 성자, 성령으로 역할이 구별되지만 가치는 동등하다는 말이 어떤 뜻일까요? (서로 다르다거나 역할이 다르다고 해서 가치가 낮다는 의미는 아님을 아이들에게 설명해 주십시오.)

덕목 찾기

경외

"경", "외"라고 적힌 두꺼운 종이와 아이들이 쓸 사인펜을 준비하십시오. 아이 수만큼 사인펜과 종이를 넉넉하게 준비하는 것이 좋습니다.

아이들에게 경외의 의미를 기억하는지 물어보십시오. 무언가를 경외한다는 것은 경탄하며 놀라움으로 가득하다는 의미입니다. 우리는 종종 순간적으로 "굉장해!"(awesome)라고 말할 때가 있습니다. "경외"(awe)의 참뜻에 비춰 볼 때, 비디오 게임이나 장난감과 같은 물건을 "굉장하다"라고 표현하는 것이 맞는지 아이들에게 한번 물어보십시오.

경외는 "보고-느끼고-행하는"(See-Feel-Do) 것이라고 설명해 주십시오.

먼저 우리는 보통 시각과 같은 감각을 사용하여 어마어마한 무언가를 **경험합니다**(예를 들면, 드넓은 바다를 보거나 큰 규모의 관현악단의 연주를 생생하게 관람하는 것입니다). 그리고 나서 우리는

Notes

상대적으로 우리 자신이 보잘것없다거나 초라하다고 **느낍니다**. 심지어 소름이 끼치거나, 우리 눈으로 본 광경이 몹시 놀라워서 입이 딱 벌어지기도 합니다. 마지막으로 경외감을 느끼는 경험을 하고 나면 우리는 **행동하게 됩니다**. 예를 들어 경외는 우리로 하여금 그 모든 창조 세계를 지으신 하나님을 찬양하게 하는 것입니다.

하나님이 삼위일체라는 사실이 아이들에게 경외감을 느끼게 하는지 물어보십시오.

한 글자씩 적힌 글자 묶음("경", "외")을 각 팀에 나눠 주십시오. 하나님을 설명하는 단어나, 아이들이 하나님을 어떻게 느끼는지를 적어 보라고 하십시오. 그리고 더 확장시켜 다른 활동을 할 수 있습니다. 다음과 같이 설명하십시오.

"경"이라는 글자가 적힌 종이에는 "ㄱ"으로 시작하는 단어를 적게 하십시오. "외"라는 글자가 적힌 종이에는 "ㅇ"으로 시작하는 단어를 적게 하십시오. 나중에 아이들이 경외감을 경험할 때 다시 떠올릴 수 있도록 교실에 전시회를 여는 시간을 가져 보십시오.

🔟 암송 활동

종이에 암송 구절이나 이번 문답의 단어들을 하나씩 프린트하십시오. 그리고 각 단어를 반으로 자르십시오. 각 단어의 반쪽들을 교실 곳곳에 숨겨 놓으십시오.

아이들에게 암송 구절이나 이번 문답의 반쪽짜리 단어를 나눠 주십시오. 그리고 교실 어딘가에 숨겨져 있는, 그 단어의 다른 반쪽을 찾아보게 하십시오(아이 수가 적다면, 한 아이 당 두 단어씩 나눠 주십시오. 아이 수가 많다면, 아이들을 둘씩 짝지어 찾아보게 하십시오). 모든 아이가 단어의 반쪽을 찾으면, 정확한 순서대로 문장을 완성해 보게 하십시오. 아이들과 함께 완성된 문장을 읽으십시오. 그 다음에는 그 단어들 가운데 반을 한쪽으로 치우고 다시 읽으십시오. 마지막으로 모든 단어를 치운 후, 아이들이 전체 문장을 기억하는지 물어 보십시오.

5️⃣ 마치는 기도

아이들을 위해 기도하며 수업을 마치십시오. 아이들이 삼위일체를 이해할 수 있도록 도와주시길, 그리고 삼위일체를 배워서 하나님이 누구신지를 더 깊이 이해하도록 도와주시길 기도하십시오.

문4

하나님은
우리를 어떻게,
왜 창조하셨습니까?

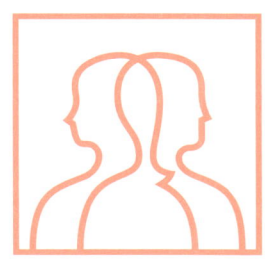

답

**하나님은 자신의 형상을 따라
남자와 여자로 우리를 창조하셨습니다.
그것은 그분을 영화롭게 하기 위해서였습니다.**

핵심 개념
하나님은 그분의 형상을 따라, 그분을 영화롭게 하기 위해 남자와 여자를 창조하셨다.

목적
자신이 하나님의 형상을 따라 그분을 영화롭게 하기 위해 지음 받았다는 것을 아이들이 이해하도록 돕는다.

성경 본문
창세기 1장 26-31절

암송 구절
"하나님이 자기 형상 곧 하나님의 형상대로 사람을 창조하시되 남자와 여자를 창조하시고"(창 1:27).

핵심 덕목
사랑

Notes

기억하십시오

아이들은 점점 진화론에 노출되고 있습니다. 진화론은 하나님의 존재와, 하나님이 자신의 영광을 위해 이 세상을 창조하셨다는 사실에 대한 믿음을 떨어뜨립니다. 기독교의 창조 교리를 제대로 알지 못한다면, 세상과 인류의 기원에 대해 의견 충돌에 부딪힐 때 아이들은 거리를 두기가 어려울 것입니다. 이번 문답을 통해 아이들은 인간 창조와 관련된 성경 진리를 알아가고 하나님이 남자와 여자를 창조하기로 하신 이유를 이해할 것입니다. 이번 문답의 목적은 우리가 창조된 이유에 대한 지식의 기초를 가르치는 것입니다. 사랑이 많으신 하나님은 우리로 하여금 창조 세계를 다스리게 하시고, 우리의 삶을 통해 그분을 영화롭게 하여 이 세상에 그분의 형상을 나타내기 위해 우리를 창조하셨습니다.

수업을 계획하고 가르칠 때 기억할 것들

- 이번 문답을 배우면서 진화론과 관련하여 관심을 보이는 아이들도 있을지 모릅니다. 하나님이 그분의 형상을 따라 그분의 영광을 위해 사람들을 창조하셨다는 지식을 믿을 수 있도록 아이들을 도와주십시오.
- 아이들은 하나님이 남자와 여자를 창조하셨다는 사실을 알고 있을 것입니다. 그리고 몇몇 성(젠더, 성 역할)과 관련된 대중적인 논쟁들에 노출되었을지도 모릅니다. 하나님이 두 성별을 창조하셨다는 사실을 아이들에게 명확히 알려 주는 데 주의를 기울이십시오. 그리고 (문2 내용을 활용하여) 하나님은 실수하지 않으신다는 사실을 아이들에게 다시 한 번 새겨 주십시오.
- 인도자는 자신이 정한 시간 계획에 맞추어 이 문답에 있는 활동을 섞거나 수정할 수 있습니다(학습 계획을 예시한 13쪽을 참조하십시오). 그 요소들을 모두 할 시간이 없을지도 모릅니다. 여러분이 가르치는 아이들의 강점과 약점에 따라 각 활동을 자유롭게 응용하십시오.

기도하십시오

창조주 하나님, 아름다운 세상을 만들어 주셔서 감사합니다. 하나님의 위대하고 능력 있는 창조 사역을 묵상할 때마다 제 마음이 경외와 놀라움으로 가득하길 바랍니다. 하나님의 형상대로 저를 창조해 주셔서 감사합니다. 제가 늘 하나님을 영화롭게 하길 기도합니다.

이번 문답을 배우는 아이들이 하나님을 창조주로 확신하게 도와주십시오. 하나님의 계획은 선하며, 하나님의 창조 계획은 눈부시게 아름답다는 사실을 아이들이 믿기를 기도합니다. 예수님의 이름으로 기도합니다. 아멘.

문4 | 하나님은 우리를 어떻게, 왜 창조하셨습니까?

준비하십시오

- "문4 교리문답 정리"(다운로드)
- 사인펜
- 흰 종이
- "문4 신체 윤곽선"(자료집), 몇 장
- "문4 고대 근동 조각상 그림"(자료집)
- 지점토 네댓 덩어리

Notes

교리문답 정리

문1, 2, 3이 적힌 "문4 교리문답 정리"(다운로드)를 프린트하여 잘라 놓으십시오. 그리고 교실 중앙 바닥에 뒤집어 놓으십시오.

문1, 2, 3을 큰 소리로 읽으면서 이번 교리문답 정리를 시작하십시오(답은 읽지 마십시오!). 바닥에 뒤집혀 있는 단어들을 활용하여 각 질문에 대한 답을 만들 수 있다고 말해 주십시오. 아이들이 종이를 뒤집어 각 질문에 맞는 답을 찾아 힘을 합쳐 바른 순서대로 정확하게 배열할 수 있는지 살펴보십시오. 함께 각 문답을 읽으면서 이번 교리문답 정리를 마치십시오.

문4 소개

아이들에게 종이와 사인펜을 각각 나눠 주십시오.

아이들을 몇 팀으로 나누십시오. 아이들 중에 모델을 할 만한 사람을 한 명 뽑게 하십시오. 그리고 그 모델을 보며 그대로 그려 보라고 하십시오.

문4를 읽어 주십시오. "하나님은 우리를 어떻게, 왜 창조하셨습니까?" 이번 시간에 배우는 문답은 남자와 여자, 남자 아이와 여자 아이를 창조하신 내용이라고 알려 주십시오. 아이들은 그림을 그리면서 친구의 형상을 만들 것입니다. 하나님이 남자와 여자를 창조하실 때, 그분의 형상대로 그분처럼 만드셨다는 사실을 강조하십시오. 이번 교리문답의 질문은 그 사실이 무엇을 뜻하며 왜 중요한지를 아이들이 이해하도록 도와줄 것입니다.

활동

아이들을 몇 팀으로 나누고, "문4 신체 윤곽선"(자료집)을 복사하여 한 장씩 나눠 주십시오.

아이들을 몇 팀으로 나누십시오. 그리고 인간은 하나님이 창조하신 다른 피조물들과 어떤

Notes

점에서 다른지 찾아보게 하십시오. 그 다른 점을 설명하거나 보여 주는 것을 신체 윤곽선 안에 단어나 그림으로 채워 보게 하십시오.

이 활동의 목적은 하나님의 형상으로 창조되었기 때문에 인간은 하나님이 창조하신 다른 피조물들과 완전히 다르다는 사실을 아이들이 명확하게 이해하도록 돕는 것입니다.

하나님은 인간을 다른 피조물과 다르게 창조하셨을 뿐 아니라 서로 다른 두 성별, 즉 남자와 여자로 만드셨다는 사실을 아이들에게 강조하면서 이번 활동을 마무리하십시오. 하나님은 의도적으로 남자와 여자를 만드셔서 그분이 만드신 창조 세계 안에 살게 하시고 그 둘을 동등하지만 다르게 만드셨습니다.

수업 개요

수업을 시작하면서 하나님께 도움을 구하십시오. 자신이 이번 문답을 신실하게 가르치게 해 달라고, 아이들이 잘 듣게 해달라고 간구하십시오.

오늘날에는 안타깝게도 많은 사람이 하나님을 믿지 않으며, 따라서 인간이 오랜 기간에 걸쳐 우연히 발달하거나 진화한 것이 아니라 창조되었다는 사실을 믿지 않습니다. 그리스도인은 그러한 사람들의 믿음에 동의하지 않으며, 만물의 창조자이신 하나님이 인간을 창조하셨다고 확신하는 사람들입니다.

우리가 임의로 발달하여 이 땅에 살게 되었다고 생각하는 것과 사랑이 많으시고 선하신 하나님에 의해 창조되었음을 아는 것의 차이를 비교해 보도록 하십시오. 이 지식이 자신의 가치와 중요성, 그리고 삶의 목적을 바라보는 관점에 어떤 영향을 주는지 아이들에게 물어 보십시오.

성경은 하나님이 인간을 만드셨다고 분명하게 선언합니다. 하나님이 인간을 만드신 것은 외로워서나 어떤 도움이 필요해서가 아닙니다. 그분이 사랑이 많으시고 관계를 맺는 분이기 때문에 인간을 창조하신 것입니다. 하나님은 사람들이 필요하시지 않지만, 그분의 세상을 위한 계획의 일부로 사람을 창조하여 사용하기로 작정하셨습니다.

창세기 1장 26-31절을 읽으십시오. 아이들이 말씀을 함께 읽을 수 있도록 성경을 준비하십시오.

창세기 1-2장에서 이야기하는 창조 세계를 아이들에게 소개해 주십시오.

고대 근동 지역에서는 종종 그 지역을 다스리는 왕이 누구인지 나타내기 위해 왕의 모습을 본뜬 형상이나 조각상을 세웠습니다. 그 형상을 보고 사람들은 모두 그 땅을 책임지는 왕이 누구인지를 알 수 있었습니다. "문4 고대 근동 조각상 그림"(자료집)에 있는 몇 가지 그림을 아이들에게 예로 보여 주십시오.

창세기 1장 26-27절은 하나님이 자신의 형상을 따라 인간을 지으시고 그 땅에 두셔서 자신이 창조하신 다른 피조물들을 다스리게 하셨다고 말합니다. 인간은 조각상이 아닙니다. 하나님을 대표하여 하나님 대신 이 땅을 다스리기 위해 하나님의 형상대로 지음 받은 존재입니다. 하나님은 인간에게 이 세상을 다스릴 권한(authority)을 주셨습니다.

즉, 인간은 단순히 이 땅에서 우연히 진화한 존재가 아닙니다. 하나님의 창조 사역의 절정입니다. 그 어느 것도 하나님의 형상을 따라 창조된 것은 없기 때문입니다! 여섯째 날이 끝날 무렵, 하나님은 모든 것을 살펴보시고 보시기에 심히 좋았더라고 말씀하셨습니다.

하나님의 형상대로 창조되었다는 말이 무슨 뜻이라고 생각하는지 아이들에게 물어보십시오. 인간과 다른 피조물 사이에서 찾아볼 수 있는 다른 점이 무엇이라고 생각하는지도 물어보십시오.

인간은 하나님의 형상대로 창조되었다는 사실을 아이들에게 설명하십시오. 이것은 겉모습이 아니라 특성상 많은 부분에서 우리가 하나님을 닮았다는 뜻입니다. 우리는 이 땅에서 하나님을 대신하는 자들입니다. 즉, 우리는 우리 삶에서 하나님의 형상을 나타내도록 부름 받았습니다. 그 부름대로 행하는 몇 가지 방법은 다음과 같습니다.

창조_ 하나님은 창조적인 분입니다. 창세기 1장 28절을 보면 하나님은 아담과 하와에게 그들의 창조 능력을 발휘하여 창조 세계를 다스리라고 명하십시오.

소통_ 하나님은 말씀하시는 하나님입니다. 그렇기 때문에 우리도 소통하도록 창조되었습니다.

관계_ 하나님은 삼위일체로 완전한 관계를 맺고 계십니다. 그분의 형상대로 창조되었다는 것은 우리 역시 관계적이라는 의미입니다. 본질적으로 우리는 하나님과 관계를 맺고 있습니다.

사랑_ 하나님이 인간을 창조하신 목적은 사랑입니다. 따라서 우리는 이 세상을 살아가고 다스릴 때 사랑이라는 하나님의 특성을 드러내도록 부름 받았습니다.

성경 본문을 읽으며 하나님이 의도적으로 남자와 여자를 창조하셨음을 아이들이 깨달을 수 있도록 도와주십시오. 하나님은 모든 사람을 동일하게 만들지 않으셨으며, 인간이 스스로 성별을 선택하게 하지도 않으셨음을 분명하게 설명하십시오. 그분은 분명 남자와 여자, 남자 아이와 여자 아이로 창조하셨습니다.

마지막으로 아이들에게 그들은 하나님의 존재를 나타내고 그분께 영광을 돌리기 위해 존재한다고 설명해 주십시오.

하나님을 영화롭게 한다는 말이 무슨 뜻이라고 생각하는지 물어보십시오.

본질적으로 하나님을 영화롭게 한다는 것은 그분을 사랑이 많으신 창조자, 전능하시고 완전하신 분으로 인정하며, 그분을 찬양하는 삶을 살아가는 것입니다. 우리는 이 세상에서 하나님을 높여 드릴 수 있습니다. 그분이 어떤

Notes

Notes

분인지를 세상에 나타낼 수 있습니다(아이들에게 문6에서 하나님을 어떻게 영화롭게 하는지를 좀 더 자세히 배울 수 있다고 알려 주십시오).

아이들이 문4와 답을 기억하도록 도우면서 수업을 마치십시오.

이 내용은 단순히 수업 지도를 위한 것입니다. 가르치는 아이들과 상황에 따라 이 내용을 확장하거나 수정하십시오. 여러분의 말로 여러분의 이야기를 쓰십시오. 그리고 아이들에게 적절하게 응용할 만한 예화나 적용을 추가하십시오.

활동

아이들이 문4로 랩송이나 박수 리듬을 만들어 보도록 도와주십시오. 전달하고 싶은 핵심 사항을 정하도록 하고, 그 단어들에 비트를 맞춰 보도록 하십시오. 이 활동은 규모에 상관없이 적용할 수 있습니다.

토론과 질문

아이들은 다음과 같은 질문을 할 수도 있습니다.

? 인간이 하나님에 의해 창조되었다는 사실을 정말 믿을 수 있나요?

그렇습니다! 역사를 통틀어 수백만 명의 사람들이 그 사실을 믿었고, 지금도 믿고 있습니다. 창세기는 인간이 어떻게 창조되었는지를 자세히 설명하려는 과학책이 아닙니다. 창세기는 하나님의 위대한 창조 사역의 시작을 보여 주는 책입니다.

? 하나님은 인간을 어떻게 창조하셨나요?

성경은 아담과 하와가 어떻게 만들어졌는지 설명합니다. 그리고 모든 사람은 그들의 후손입니다. 우리는 하나님이 무(無)에서 모든 것을 창조하셨다는 것을 알고 있습니다(이 설명과 함께 성경에서 히브리서 11장 3절을 찾아 큰 소리로 읽어 보면 도움이 될 것입니다). 세상을 창조하시고 나서 하나님은 땅의 흙으로 아담을 만드시고 그 코에 생기를 불어 넣으셨습니다(창 2:7, 21-22).

? 진화론이 무엇인가요?

진화론은 우리가 창조된 것이 아니라 우연히 생겨났다고 말합니다. 이것을 사실인 것처럼 가르치지만, 진화론은 단지 이론일 뿐입니다. 하나님을 믿는 많은 그리스도인 과학자는 무에서 인간이 창조되었다고 말합니다.

문4 | 하나님은 우리를 어떻게, 왜 창조하셨습니까?

Notes

다음 질문을 통해 아이들이 자신의 삶을, 그리고 이 교리문답이 각자에게 어떻게 영향을 줄지를 생각하도록 도와주십시오.

- 하나님이 만드신 세상에 어떻게 하나님의 형상을 드러낼 수 있을까요?
- 하나님을 보여 주는 아이들의 능력에 죄가 영향을 끼쳤을까요?
- 하나님을 영화롭게 하기로 하지 않을 때 무슨 일이 일어날까요?
- 인간이 이 세상에 우연히 생겨났다고 믿는 친구에게 하나님이 인간을 창조하셨고 인간은 이 세상을 향한 하나님의 계획을 지녔다는 사실을 어떻게 설명할 수 있을까요?

덕목 찾기

사랑

하나님은 사랑으로 인간을 창조하셨으며, 우리는 이 세상에서 하나님의 형상을 담은 자로서 서로 사랑해야 합니다. 이 사실을 아이들에게 새겨 주십시오.

하나님의 사랑이란 어떠한 것인지 생각해 보도록 아이들을 도와주십시오. 우리가 좋아하는 사람이나 우리를 좋아하는 사람만 사랑하는 것일까요? 우리처럼 행하고 우리와 비슷한 사람만 사랑하는 것일까요? 아니면 하나님이 사랑하신 방식으로 사랑한다는 것은 그보다 많은 것을 의미할까요?

집에 있는 형제자매와 부모님에게, 그리고 학교에 있는 친구들에게 늘 하나님의 사랑을 보이기 위해 신경 쓴다면 어떻게 될지 아이들과 함께 토론해 보십시오.

아이들 각자에게 자신이 더욱 사랑해야 할 사람을 한 명만 생각해 보라고 하십시오.

암송 활동

아이들을 몇 팀으로 나누십시오. 각 팀에게 암송 구절이나 이번 교리문답의 답에 나온 단어를 지점토로 만들어 보도록 하십시오.

암송 구절이나 교리문답의 답에 있는 단어들을 하나씩 평평한 바닥에 늘어놓으십시오. 아이들이 암송 구절을 말하면, 지점토를 뭉쳐서 그 단어를 없애십시오. 암송 구절을 전부 외운 아이가 누구인지 확인하고, 팀 앞에서 그 구절을 암송하게 하십시오.

Notes

⏱ 마치는 기도

우리를 창조하신 하나님께 감사드리고 하나님을 영화롭게 하도록 도와달라고 간구하는 기도를 드리며 이번 문답을 마치십시오. 주님이 보시기에 자신은 헤아릴 수 없을 정도로 값지다는 사실을 아이들이 이해하기를 간구하십시오. 아이들이 그분의 형상 안에서 더욱 사랑을 드러내도록 하나님께 간구하며 수업을 마치십시오!

문5

하나님은
또 무엇을 창조하셨습니까?

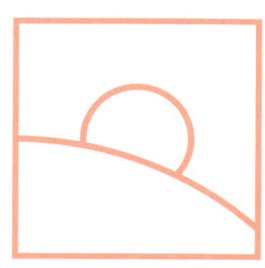

답

하나님은 만물을 창조하셨습니다.
그분이 창조하신 세계는 매우 좋았습니다.

핵심 개념
하나님은 성자 예수님을 통해 성령의 능력으로 그분의 영광을 위해 모든 것을 창조하셨다.

목적
아이들이 하나님을 창조자로 신뢰하고, 창조 세계를 향한 하나님의 목적을 이해하도록 돕는다.

성경 본문
창세기 1장 1–31절

암송 구절
"하나님이 지으신 그 모든 것을 보시니 보시기에 심히 좋았더라"(창 1:31).

핵심 덕목
기쁨

Notes

기억하십시오

어떤 아이들은 세상이 어떻게 만들어졌는지, 누가 세상을 만들었는지 전혀 생각해 보지 않았을 것입니다. 또 어떤 아이들은 하나님이 세상을 창조하셨다고 굳게 믿고 있을 것입니다. 아이들이 살아가면서 어느 시점이 되면 분명 만나게 되는 한 가지는 세상이 우연히 존재하게 되었고 그 세상 뒤에 지적인 설계는 없다는 신념입니다. 이번 교리문답의 질문은 아무것도 없는 상태에서 창조가 일어났다는 교리를 아이들이 더 깊이 생각할 수 있게 해줄 것입니다. 이 질문은 이 세상이 창조되어 존재하게 된 데는 목적이 있다는 사실을 아이들이 이해할 수 있도록 도와줄 것입니다. 이번 문답의 목적은 아이들이 창세기 이야기를 조금 더 깊이 들여다보게 하고 창조가 시작될 무렵 삼위 하나님의 존재를 그들에게 보여 주는 것입니다. 하나님이 이 세상을 창조하신 목적을 더 잘 이해하면서 아이들이 기쁨을 발견하고, 이 세상이 하나님의 영광과 기쁨을 위해 창조되었다는 사실을 더 분명하게 알게 되기를 소망합니다.

수업을 계획하고 가르칠 때 기억할 것들

- 아이들은 진화론에 대해 궁금할 것입니다.
- 하나님이 아무것도 없는 상태에서 무언가를 창조하셨다는 개념을 이해하는 것은 아이들뿐만 아니라 사실 그 누구에게라도 어려운 일입니다.
- 문3에서 소개한 삼위일체는 기본적으로 성부 하나님, 성자 하나님, 성령 하나님이 함께 창조에 참여하셨다는 사실을 아이들이 이해하도록 도와줍니다.
- 인도자는 자신이 정한 시간 계획에 맞추어 이 문답에 있는 활동을 섞거나 수정할 수 있습니다(학습 계획을 예시한 13쪽을 참조하십시오). 그 요소들을 모두 할 시간이 없을지도 모릅니다. 여러분이 가르치는 아이들의 강점과 약점에 따라 각 활동을 자유롭게 응용하십시오.

기도하십시오

삼위 하나님, 세상을 아름답게 창조하신 하나님께 감사드립니다. 날마다 그 세상 안에서 제가 기쁨을 발견하게 해주십시오. 하나님이 지금도 이 창조 세계에서 멀리 계신 분이 아니라 날마다 순간마다 깊이 간섭하는 분이어서 감사합니다. 이번 문답을 배우는 아이들이 하나님의 창조 이야기를 더 깊이 알아가며 감동하도록 도와주십시오. 아이들이 하나님을 더욱 확신하게 되길 기도합니다. 예수님의 이름으로 기도합니다. 아멘.

문5 | 하나님은 또 무엇을 창조하셨습니까?

Notes

준비하십시오

- 플라스틱 컵 3개
- 탁구공 2개
- 작은 상품들
- "문5 창조 세계에 있는 동물들 퀴즈"(자료집), 아이 수만큼
- 연필, 아이 수만큼
- "문5 케이크 요리법"(자료집)
- 큰 그릇
- 일회용 숟가락
- 앞치마 또는 주방장 모자
- "문5 창조의 날들"(자료집)
- 레고
- "문5 기쁨 격자판"(자료집), 아이 수만큼

교리문답 정리

탁자 위에 플라스틱 컵 3개를 세워 놓고, 각 팀에 탁구공을 하나씩 나눠 주십시오.

아이들을 둘 또는 그 이상의 팀으로 나누십시오. 각 팀에 1에서 4사이의 숫자 중 하나를 고르라고 하십시오. 팀원들은 자신들이 고른 숫자에 해당하는 교리문답의 질문과 답을 함께 기억해 내야 합니다. 교리문답을 기억해 낸 팀은 컵 안에 탁구공을 던져 넣어 상품을 가질 기회를 얻을 수 있습니다. 컵 바닥에 어떤 상품을 받게 되는지 적어 놓으십시오. 나눈 팀 수만큼 이 놀이를 반복하십시오. 다루지 않은 교리문답 질문을 아이들에게 상기시키십시오.

문5 소개

아이들과 원을 만들어 서십시오. 그리고 하나님이 창조하신 것들을 ㄱ, ㄴ, ㄷ 순으로 하나씩 말해 보라고 하십시오. 첫 번째 아이는 ㄱ으로 시작하는 것을, 두 번째 아이는 ㄴ으로 시작하는 것을 말하는 방식입니다. 되도록 여러 번 반복하십시오. 생각해 내지 못하는 아이가 있다면, 그 아이는 자리에 앉고 다음 아이에게 말하게 하십시오. 한 아이만 남을 때까지 계속하십시오.

하나님이 만드신 놀라운 창조물들을 나열해 보니 어떤 기분이 드는지 아이들에게 물어보십시오. 아이들은 하나님이 만드신 다양한 창조물들을 보며 놀라워하나요?

문5를 읽어 주십시오. "하나님은 또 무엇을 창조하셨습니까?" 이 질문은 하나님의 놀라운 창조물을 알려 줍니다.

Notes

🕙 활동

"문5 창조 세계에 있는 동물들 퀴즈"(자료집)를 복사하여 아이들에게 나눠 주십시오.

아이들에게 창조 퀴즈를 나눠 주고, 정해진 시간 안에 완성해 보라고 하십시오. 아이들이 적은 답(또는 추측)을 큰 소리로 읽게 하고, 정확한 답을 알려 주십시오(정확한 답은 자료집의 맨 뒤 해답지에 나와 있습니다). 이 퀴즈의 목적은 하나님이 만드신 놀라운 창조물들을 생각하면서 아이들에게 경외와 놀라움, 기쁨을 불러일으키는 것입니다.

🕙 수업 개요

수업을 시작하면서 하나님께 도움을 구하십시오. 자신이 이번 문답을 신실하게 가르치게 해달라고, 아이들이 잘 듣게 해달라고 기도하십시오.

아이 한 명을 교실 앞으로 불러내어 큰 그릇과 일회용 숟가락, "문5 케이크 요리법"(자료집) 한 장, 그리고 주방장의 모자나 앞치마를 주십시오. 모두 먹을 수 있을 만큼 큰 케이크를 구워 달라고 요청하십시오. 다른 친구들 앞에서 요리법을 읽으면서 시작해 보라고 하십시오. 아이가 케이크를 만들 재료를 달라고 하면, 아무것도 없는 상태에서 그 케이크를 만들어야 한다고 설명해 주십시오!

아무것도 없는 상태에서는 무언가를 만들어 낼 수는 없다는 사실을 아이들에게 설명해 주십시오. 아이들에게 케이크나 집과 같은 무언가를 만들어 내는 과정을 설명해 보라고 하십시오.

세상을 경험해 보면 창조된 모든 것은 무언가에서 나왔습니다. 어느 창조물이든 그것이 만들어지는 데는 원료가 필요합니다. 그러나 세상이 창조된 과정은 전혀 다릅니다! 세상이 존재하게 된 방식은 우리의 경험과 전혀 맞지 않으며, 어떤 면에서는 이해하기가 어렵습니다. 그러나 이 세상을 창조하신 분은 하나님이지 우리가 아니라는 사실을 기억하십시오. 그분은 전지전능하십니다(문2를 참고하십시오). 당연히 하나님은 우리가 할 수 없는 것을 하실 수 있습니다.

창세기 1장 1-31절을 읽으십시오. 아이들이 말씀을 함께 읽을 수 있도록 성경을 준비하십시오.

이번 문답에 해당하는 성경 본문을 함께 읽을 때에는, 아이들이 돌아가며 각 날에 대한 창조 이야기를 읽어 보게 하십시오. 그 구절을 읽을 때, "문5 창조의 날들"(자료집)에서 창조 이야기에 해당하는 그림을 보여 주십시오.

아이들이 반드시 주목해야 하는, 무엇보다 놀라운 사실은 하나님이 아무것도 없는 상태에서 모든 것을 창조하셨다는 것입니다. 물질

적으로 하나님과 영원히 공존하는 것은 아무 것도 없었습니다. 그때는 언덕도 없고, 모래도 없으며, 별도 없었습니다. 하나님의 뜻과 상상에서 창조물이 생겨났습니다. 하나님은 위대한 의미와 목적을 가지고 모든 것을 창조하셨습니다.

우리는 아무것도 없는 상태에서 무언가를 만들어 낼 수 없습니다. 그러나 물론 하나님께는 모든 것이 가능합니다. 창세기는 하나님이 말씀으로 이 세상에 하늘과 땅을 만드셨다고 말합니다. 창세기에 "하나님이 이르시되"라는 구절이 몇 번이나 나오는지 아이들에게 세어 보라고 하십시오.

성부 하나님 말고 누가 세상을 창조하는 데 참여했다고 생각하는지 물어보십시오. 아이들에게 다시 창세기 1장 2절을 읽어 보라고 하십시오. 그 구절은 성령 하나님이 수면 위를 운행하셨다고 말합니다. 성령 하나님은 성부 하나님이 창조하신 모든 것에 생명을 가져다 주셨습니다.

성부 하나님과 성령 하나님 모두 창조에 참여하셨습니다. 그러나 그 일에는 또 다른 누군가가 관여하고 있었습니다. 아이들에게 요한복음 1장 1-3절을 읽어 보면서 그분이 누구인지 알아보라고 하십시오. 그 세 구절이 무엇을 말한다고 생각하는지 물어보십시오.

요한은 세상이 창조될 때 예수님이 성부 하나님과 함께 계셨다는 것을 보여 줍니다. 요한은 예수님을 "말씀"이라고 부르고, 하나님의 말씀을 통해 이 세상의 모든 것이 만들어졌다고 말합니다. 즉 태초에 성부 하나님, 성자 하나님, 성령 하나님이 모두 창조 사역에 함께하신 것입니다.

하나님이 자신이 만든 창조물을 뭐라고 표현하시는지 아이들에게 물어보십시오.

하나님은 모든 창조물을 보시며 "심히 좋았더라"고 말씀하셨습니다. 땅에 있는 것은 무엇이든 하나님이 만드셨습니다. 하나님이 창조하신 모든 것은 그분의 영광을 나타내기 위한 것입니다. 창조물은 다양한 방식으로 하나님의 본질과 특성을 드러냅니다.

창조물의 어떤 면이 기쁨을 안겨 주고, 아름다운 세상을 창조하신 하나님을 찬양하게 만드는지 아이들에게 물어보십시오. 하나님은 능력이 있으시고, 창조적이시며, 아름다우시고, 상상력이 뛰어나시다는 사실을 아이들에게 상기시키십시오.

세상은 하나님께 영광과 존경과 찬양을 올리기 위해 창조되었습니다. 하나님은 자신이 만드신 창조물을 보시며 기뻐하시고, 우리 역시 그 기쁨을 누리도록 초청하십니다. 아름다운 세상을 단드셔서 자신의 자녀가 살아가게 하신 것입니다.

세상을 창조하신 후로 하나님은 이 세상에 깊이 관여해 오셨습니다. 세상을 만들어 놓으시고 다시 하늘로 돌아가신 것이 아닙니다. 그분은 자신이 만든 세상의 모든 것을 계속 돌보십니다.

아이들이 문5와 답을 기억하도록 도우면서 수업을 마치십시오.

Notes

Notes

이 내용은 단순히 수업 지도를 위한 것입니다. 가르치는 아이들과 상황에 따라 이 내용을 확장하거나 수정하십시오. 여러분의 말로 여러분의 이야기를 쓰십시오. 그리고 아이들에게 적절하게 응용할 만한 예화나 적용을 추가하십시오.

활동

레고를 빌리거나 구입하고, 세상이 창조된 날에 따라 아이들을 팀으로 나누십시오. 각 팀에게 그날을 대표하는 한 가지를 만들어 보라고 하십시오. 아이들이 만든 각 날을 사진으로 찍고, 다음 수업 복습에 사용할 수 있도록 그 사진을 모아 프린트하십시오.

토론과 질문

아이들은 다음과 같은 질문을 할 수도 있습니다.

? 이 세상이 창조될 때 예수님이 어떻게 존재하실 수 있었나요?

예수님은 영원하시고 전능하십니다. 예수님은 하나님과 함께 계시다가 사람으로 이 땅에 오셨고, 지금은 다시 하나님과 함께 계십니다.

? 진화가 무엇인가요?

우리가 우연히 진화되었다고 믿는 사람들도 있습니다. 그러나 수백만 명의 사람들, 심지어 권위 있는 과학자들조차도 하나님의 말씀으로 이 세상이 존재하게 되었다고 믿습니다.

다음 질문을 통해 아이들이 자신의 삶을, 그리고 이 교리문답이 각자에게 어떻게 영향을 줄지를 생각하도록 도와주십시오.

- 친구들에게 창조자 하나님을 믿는다는 것을 어떻게 설명할 수 있을까요?
- 하나님을 이 세상의 창조주이자 보존자로 아는 것이 어떤 기쁨을 가져다줄까요?
- 자신이 가지고 누리는 모든 것이 궁극적으로 하나님에게서 왔다고 생각할 수 있을까요?

과5 | 하나님은 또 무엇을 창조하셨습니까?

Notes

덕목 찾기

기쁨

"문5 기쁨 격자판"(자료집)을 아이 수만큼 복사하십시오. 아이들에게 연필을 나눠 주십시오.

창조 세계를 떠올릴 때 무엇이 기쁨을 주는지 생각해 보라고 하십시오. 일단 아이들이 무언가를 떠올리면, 그것을 격자판 한 칸에 적게 하십시오. 그러고 나서 교실을 돌아다니며 다른 아이들은 창조 세계의 어느 부분에서 기쁨을 찾는지 서로 묻고 답하게 하십시오. 창조 세계에서 기쁨을 가져다주는 것에 대한 정보를 교환할 때마다 격자판에 채워 넣게 하십시오. 가장 먼저 격자판을 모두 채운 아이가 이기게 됩니다.

암송 활동

아이들을 몇 팀으로 나누고 암송 구절이나 교리문답의 답을 몸으로 표현해 보게 하십시오. 각 팀은 다른 아이들에게 그 몸짓을 보여 주게 하십시오. 모든 팀이 함께 암송 구절이나 교리문답의 답을 암송하면서 마무리하십시오.

마치는 기도

하나님이 만드신 아름다운 창조 세계에서 큰 기쁨을 발견할 수 있게 하신 하나님께 감사하는 기도를 드리게 하십시오.

인도자 가이드 1

성부 하나님
창조와 타락
율법

문6

우리는 어떻게 하나님을 영화롭게 할 수 있습니까?

답

**하나님을 사랑하고
하나님의 명령과 율법에 순종하는 것으로
그분을 영화롭게 합니다.**

핵심 개념
하나님께 보이는 올바른 반응은 순종과 감사, 신뢰하는 삶으로 그분을 영화롭게 하는 것이다.

암송 구절
"그런즉 네 하나님 여호와를 사랑하여 그가 주신 책무와 법도와 규례와 명령을 항상 지키라"(신 11:1).

목적
하나님은 영광 받길 바라시며, 순종하는 삶은 하나님께 큰 영광을 돌려드린다는 것을 아이들이 이해하도록 돕는다.

핵심 덕목
신뢰

성경 본문
신명기 11장 1-13절

Notes

기억하십시오

21세기를 살아가는 아이들은 창조자보다는 창조물을 높이는 모습을 봅니다! 아이들은 유명인사, 스포츠 스타, 심지어 정치인들에게 영광과 찬양을 돌리는 세상의 방식을 확인할 수 있을 것입니다. 아이들은 하나님을 영화롭게 한다는 개념에 덜 익숙할 것입니다. 이번 문답의 목적은 아이들이 하나님께 올바르게 반응하는 것이 무엇인지 생각해 보도록 돕는 것입니다. 이번 문답은 아이들이 하나님을 자기 삶에 우선순위로 두어 어떻게 자신의 마음과 삶을 온전히 하나님께 향하게 할지를 생각하도록 도울 것입니다. 이번 교리문답의 질문은 순종하는 삶을 통해 하나님을 영화롭게 할 수 있다는 것을 아이들에게 알려줄 것입니다.

수업을 계획하고 가르칠 때 기억할 것들

- 아이들은 자연스럽게 율법주의로 기울게 됩니다. 아이들이 하나님을 영화롭게 한다는 것은 하나님께 호의를 얻는 방식이 아니라 예수님 안에서 그분의 은혜에 보이는 반응이라는 것을 분명하게 이해하도록 도와주십시오.
- 몇몇 아이는 무언가를 영화롭게 한다는 개념을 이해하기 어려워 할 수 있습니다. 그렇기 때문에 되도록 분명하고 정확하게 설명하기 위해 애쓰십시오.
- 아이들이 자기 삶에서 하나님을 가장 중요하게 여기고 다른 무엇보다 그분을 사랑하고 신뢰하도록 독려하십시오.
- 인도자는 자신이 정한 시간 계획에 맞추어 이 문답에 있는 활동을 섞거나 수정할 수 있습니다(학습 계획을 예시한 13쪽을 참조하십시오). 그 요소들을 모두 할 시간이 없을지도 모릅니다. 여러분이 가르치는 아이들의 강점과 약점에 따라 각 활동을 자유롭게 응용하십시오.

기도하십시오

전능하신 하나님, 삶에서 하나님을 영화롭게 하지 못할 때 저를 용서해 주십시오. 하나님을 향해 사랑하고 순종하는 마음을 품도록 도와주십시오. 제 삶과 증거로 아이들이 하나님을 영화롭게 하는 것이 무엇인지 이해할 수 있게 해주십시오. 아이들이 이번 문답을 명확하게 이해하게 해주십시오. 하나님이 모든 영광을 받으시기에 합당하신 유일한 분인 것을 알도록 도와주십시오. 예수님의 이름으로 기도합니다. 아멘.

문6 | 우리는 어떻게 하나님을 영화롭게 할 수 있습니까?

준비하십시오
- 풍선
- 작은 종이
- 큰 종이
- "문6 교리문답 정리"(다운로드)
- 사인펜
- 연필
- 병

교리문답 정리

문1부터 문5까지 질문과 답이 적힌 "문6 교리문답 정리"(다운로드)와 암송 구절을 프린트하여 각각 잘라 놓으십시오. 각 종이를 아주 작게 접어서 풍선 안에 넣으십시오. 풍선을 불어서 묶으십시오.

이 놀이의 방법은 풍선을 터뜨려서 그 안에 있는 종잇조각들을 배치하는 것입니다. 풍선을 터뜨려서 종잇조각을 얻은 아이들은 함께 힘을 합쳐 교리문답 첫 다섯 문답에 해당하는 질문과 답, 암송 구절을 각 문답별로 배열해야 합니다. 각 질문의 요소들이 다 모이면, 작은 팀이 이루어지는 것입니다. 각 팀에게 그들이 만든 질문과 답, 암송 구절을 읽어 보라고 하십시오.

문6 소개

아이들에게 응원하는 스포츠 팀이 있는지 물어보십시오. 어떤 팀을 골라 말하면, "그냥 좋아하는" 정도인지, 아니면 "열렬한" 팬인지 물어보십시오.

스스로 열렬한 팬이라고 생각하는 아이에게는 직접적으로 말하지 않고도 그 사실을 알려 줄 수 있는 방법이 있는지 물어보십시오. 응원하는 팀 유니폼을 입는다든가, 자신이 좋아하는 팀에 대해 다른 팬들과 이야기를 한다든가, 우승한 일을 자랑한다든가, 그 팀이 출전하는 경기라면 모두 관람하러 가는 방법이 있을 것입니다.

큰 경기장이나 공연장에서 경기를 본 적이 있는지 물어보십시오. 그곳에서 팬들은 어떻게 행동하나요? 경기를 보며 응원가를 부르고 응원 구호를 외치며 응원하는 것은 팬이 그 팀을 영광스럽게 하는 방법이라고 아이들에게 알려 주십시오. 보통은 그런 말로 표현하지 않지만, 열렬한 팬이 되고 다른 사람들에게 그 사실을 알리는 것은 그 팀을 "영광스럽게" 하는 행위입니다.

누군가 또는 무언가를 영화롭게 한다는 것

Notes

은 그 대상을 높이고, 다른 사람들에게 그 대상이 누구이며 얼마나 위대한지를 알려 주는 것입니다. 궁극적으로는 그 대상을 사랑하는 것입니다.

문6을 읽어 주십시오. "우리는 어떻게 하나님을 영화롭게 할 수 있습니까?" 문6은 아이들이 자신의 삶에서 어떻게 하나님을 영화롭게 할 수 있을지 생각하도록 도와줍니다. 우리가 좋아하는 스포츠 팀을 영화롭게 하는 방법과 꼭 같지는 않지만, 하나님을 사랑하고, 높여 드리며, 다른 사람들에게 그분을 이야기하고, 그분을 섬기는 것으로 우리는 하나님을 영화롭게 합니다.

활동

아이들에게 성경을 나눠 주고, 다음 구절들을 찾아보라고 하십시오. 아이 네 명을 정해서 각 구절을 큰 소리로 읽어 보라고 하십시오. 아이들에게 이 구절들에서 공통으로 나타나는 점이 무엇인지 주의해서 들어 보라고 말하십시오.

시편 63편 3절   시편 95편 6절
시편 134편 2절   시편 34편 8절

각 구절이 무엇을 말하는지, 하나님을 영화롭게 하는 것에 대해 어떻게 가르치는지를 주의 깊게 생각해 보라고 하십시오. 각 구절이 몸으로 하는 것들(입술로 찬양하는 것, 손을 드는 것, 무릎을 꿇는 것, 맛보아 아는 것)을 언급하고 있다는 사실을 아이들이 알게 되었습니까? 하나님을 영화롭게 하는 것은 우리의 생각과 마음은 물론이고 우리 몸까지도 관련되어 있습니다.

수업 개요

수업을 시작하면서 하나님께 도움을 구하십시오. 자신이 이번 문답을 신실하게 가르치게 해달라고, 아이들이 잘 듣게 해달라고 간구하십시오.

아이들에게 하루 동안 하나님에 대해 얼마나 자주 생각하는지 곰곰이 떠올려 보라고 하십시오. 꼭 큰 소리로 말하지 않아도 된다고 아이들을 안심시키십시오! 때로 사람들은 하나님을 잘 잊어버리거나 아예 잊고 지냅니다. 하나님이 누구신지를 아이들이 잠시 떠올릴 수 있도록 도와주십시오. 그리고 하나님이 누구이시며 어떤 분인지를 표현해 보게 하십시오. 아이들이 모두 볼 수 있도록 큰 종이에 아이들의 대답을 적어 보십시오.

하나님의 위대하심과 장엄하심, 능력과 아름다움에 대해 이야기를 나누어 보십시오. 하

문6 | 우리는 어떻게 하나님을 영화롭게 할 수 있습니까?

Notes

나님에 관한 이 모든 놀라운 것을 기억하는 것이 그분을 찬양하게 하는지 아이들에게 물어보십시오. 하나님은 자신의 백성이 그분께 영광을 돌리길 바라십니다. 그리고 하나님은 질투하시는 분이며 다른 누군가나 다른 무언가가 그 영광을 받는 것을 원하지 않으시는 분(사 42:8)입니다.

신명기 11장 1–13절을 읽으십시오. 아이들이 말씀을 함께 읽을 수 있도록 성경을 준비하십시오.

아이들에게 이 본문에 대해 생각해 보라고 하십시오. 그리고 하나님이 행하신 위대한 일을 찾아보라고 하십시오. 하나님이 자신의 백성인 이스라엘을 돌보시고 보호하시고 구원하시기 위해 어떻게 일하셨는지를 아이들이 알 수 있도록 도와주십시오. 이 짧은 본문에서조차 하나님이 얼마나 놀라운 분인지를 아이들이 알 수 있도록 도와주십시오!

이 말씀은 모세가 하나님의 백성에게 말한 내용입니다. 모세는 하나님의 백성이 순종으로, 다른 사람들에게 그분에 대해 이야기하는 것으로, 그리고 서로 헌신하는 것으로 하나님을 향한 사랑을 드러내야 한다는 사실을 이해하길 바랐습니다. 모세는 하나님을 어떻게 영화롭게 할 수 있는지를 백성에게 가르쳐 주고 싶었습니다. 그는 하나님이 얼마나 놀라운 분인지를 이스라엘 백성이 깨닫기를 바랐으며, 그분만이 경배와 영광, 찬양을 받기에 합당한 분이라는 사실을 이해하도록 도와주고 싶었습니다.

예수님을 통해 구원받은 우리 역시 이제는 하나님의 백성에 속한다는 사실을 아이들에게 새겨 주십시오. 불순종하고 반항하는 백성을 계속 구원하시는 하나님의 위대하심에 아이들은 놀라워할 것입니다.

모세가 성경에서 이스라엘 백성에게 설명했듯이, 하나님께 영광을 돌리는 가장 효과적인 방법은 그분께 순종하는 것입니다.

이 순종 때문에 하나님께 좋은 평가를 받는다거나 하나님과 친밀해지는 것은 아닙니다. 오직 예수님만이 그렇게 해주실 수 있습니다. 하나님께 순종하는 것은 그분의 위대하심과 아름다우심에 보이는 마땅한 반응이며, 그것은 하나님께 영광을 돌리는 것입니다. 다시 말해 하나님께 감사하는 마음을 보이는 것입니다. 또한 하나님은 위대하시며 그분의 길은 선하다는 것을 세상에 보임으로써 그분을 신뢰한다는 것을 드러내는 것입니다.

아이들이 일상에서 하나님을 더 자주 기억할 수 있도록 독려하십시오. 날마다 시간마다 하나님께 어떻게 영광을 돌릴지를 생각해 보라고 하십시오.

아이들이 문6과 답을 기억하도록 도우면서 수업을 마치십시오.

이 내용은 단순히 수업 지도를 위한 것입니다. 가르치는 아이들과 상황에 따라 이 내용을 확장하거나 수정하십시오. 여러분의 말로 여러분의 이야기를 쓰십시오. 그리고 아이들에게 적절하게 응용할 만한 예화나 적용을 추가

| Notes | *하십시오.* |

활동

아이들에게 연필과 종이를 나눠 주십시오.

아이들에게 날마다 하나님을 사랑하고 신뢰하여 순종하는 삶으로 하나님을 영화롭게 할 수 있도록 간구하는 개인 기도를 적어 보라고 하십시오. 하나님에 대해 사랑하는 세 가지, 하나님께 순종하기 위해 애쓰는 세 가지를 생각해 보도록 이끄십시오. 하나님은 우리 기도에 응답하길 기뻐하시며, 우리가 순종하도록 돕길 바라신다는 사실을 아이들에게 새겨 주십시오. 아이들에게 한 주 동안 종이에 적은 대로 기도해 보라고 독려하십시오.

토론과 질문

아이들은 다음과 같은 질문을 할 수도 있습니다.

? **유명인이나 스포츠 스타를 좋아하는 것이 잘못인가요?**

> 하나님은 그분의 세상에 있는 사람들에게 다양한 재능을 주셨습니다. 우리가 그것을 인정하는 것도 적절합니다. 그러나 하나님은 자기 백성의 삶에서 그분 자신이 우선순위에 있기를 바라시며, 자기 백성에게 영광을 받길 기대하십니다.

? **저는 하나님을 영화롭게 한다는 것이 무슨 뜻인지 잘 모르겠어요.**

> 하나님을 영화롭게 한다는 것은 그분을 찬양하고 높여 드리는 것입니다. 즉 하나님과 다른 사람들에게 하나님은 위대하시다고 고백하며, 그분의 선하심을 보여 주는 믿음의 삶을 살아가는 것입니다.

? **하나님은 왜 영광을 받으셔야 하나요?**

> 하나님은 영광을 받으시지 않아도 됩니다. 사실 하나님은 그 어느 것도 필요하지 않으십니다! 하나님을 영화롭게 하는 것은 그분과 맺은 사랑의 관계의 일부이며 하나님이 자신이 창조하신 사람들에게 바라시는 것입니다. 하나님께 영광을 돌리는 것이 우리에게 좋다는 것을 하나님은 알고 계십니다.

다음 질문을 통해 아이들이 자신의 삶을, 그리고 이 교리문답이 각자에게 어떻게 영향을 줄지를 생각하도록 도와주십시오.

• 하나님을 영화롭게 하는 데 더 집중한다면

문6 | 우리는 어떻게 하나님을 영화롭게 할 수 있습니까?

Notes

어떻게 될까요?
- 하나님께 영광과 경배와 찬양을 드리는 것은 어려운 일일까요?
- 하나님께 순종하는 것이 어렵다고 생각하나요?

덕목 찾기

신뢰

아이들에게 쓸 수 있는 작은 종이를 나눠 주십시오.

순종이 어떻게 하나님을 영화롭게 하는지를 아이들에게 다시 이야기해 주십시오. 우리는 보통 나쁜 일을 하지 않는 것이 순종이라고 생각합니다. 그러나 순종은 하나님이 명하신 선한 일을 행하는 것도 포함합니다. 하나님은 우리에게 그분을 **신뢰하라**고 명하셨습니다. 아이들 중 한 명에게 잠언 3장 5절을 읽어 보라고 하십시오. "너는 마음을 다하여 여호와를 신뢰하고 네 명철을 의지하지 말라."

아이들에게 삶에서 그들을 걱정하게 만드는 것을 생각해 보라고 하십시오. 아이들이 무언가를 생각해 내고 하나님께 그것을 내맡기길 바란다면, 종이에 그것을 적어 보라고 하십시오. 그런 다음 종이를 접어 병에 넣으라고 하십시오.

모든 아이가 종이를 병에 넣으면, 이제 아이들의 걱정 쪽지는 인도자에게 있다고 말해 주십시오. 그리고 아이들에게는 더 이상 그 쪽지가 없다는 사실도 알려 주십시오. 이것은 우리가 하나님께 우리의 걱정을 내어 드리면, 그분이 그 걱정들을 안으시고 우리에게는 더 이상 그것들이 없다는 것을 보여 줍니다. 바로 이것이 하나님을 신뢰하는 것입니다! 이제 아이들에게 하나님을 신뢰함으로 그분을 영화롭게 하라는 명령이 쉬운 것인지 어려운 것인지 물어보십시오.

암송 활동

모든 아이에게 큰 종이 한 장과 사인펜 몇 자루를 나눠 주십시오. 암송 구절이나 교리문답의 답을 적어 보라고 하십시오. 그런 다음 아이들에게 더 중요하다고 생각하는 단어를 굵게 표시하게 하십시오. 잘 기억할 수 있도록 아이들에게 각 단어를 꾸며 보라고 하십시오. 몇 분 후, 종이를 뒤집고 그 구절이나 답을 기억할 수 있는지 확인하십시오.

Notes

⑤ 마치는 기도

이번 시간에 적은 기도문을 읽어 주고 싶은 아이들을 뽑아서 읽게 하십시오. 우리가 감사하고 순종하는 삶을 살 때, 하나님이 영광 받으신다는 기도로 이번 시간을 마치십시오.

문7

하나님의 율법은 무엇을 명하고 있습니까?

답

우리는 우리 마음과 목숨과 뜻과 힘을 다하여 하나님을 사랑하고, 이웃을 나 자신같이 사랑해야 합니다.

핵심 개념
하나님의 율법은 그리스도인에게 여전히 적실하며, 순종하고 사랑하며 살아가라고 명한다.

목적
하나님의 사랑과 은혜의 빛 안에서 그분을 위해 전심으로 살아가는 것이 무엇인지를 아이들이 이해하도록 돕는다.

성경 본문
마태복음 22장 34-40절

암송 구절
"예수께서 이르시되 네 마음을 다하고 목숨을 다하고 뜻을 다하여 주 너의 하나님을 사랑하라 하셨으니 이것이 크고 첫째 되는 계명이요 둘째도 그와 같으니 네 이웃을 네 자신같이 사랑하라 하셨으니 이 두 계명이 온 율법과 선지자의 강령이니라"(마 22:37-40).

핵심 덕목
감사

Notes

기억하십시오

이번 문답은 하나님이 자신의 백성에게 명하신 율법과 반응을 다루는 아홉 가지 질문들 가운데 첫 번째 시간입니다. 각 질문은 율법의 한 측면을 생각해 보고, 이 시대를 살아가는 아이들에게 그 의미를 적용해 볼 것입니다. 이번 문답은 아이들에게 하나님의 율법이 오늘날에도 여전히 적실하며 그리스도인의 삶에서 중요한 부분이라는 것을 강조할 것입니다. 이번 문답의 목적은 하나님이 베푸신 구원의 은혜에 순종을 통해 감사하는 삶으로 반응한다는 것이 어떤 의미인지를 아이들이 깊이 생각해 보도록 독려하는 것입니다. 아이들에게 하나님을 향한 사랑과 이웃을 향한 사랑을 생각해 보라고 독려할 것입니다. 그리고 삶에서 그 사랑을 어떻게 표현할지도 생각해 볼 것입니다. 하나님의 율법이 맡은 역할은 그리스도인의 삶에서 종종 경시됩니다. 그러나 이번 질문은 하나님이 만드신 세상에서 율법이 그분의 은혜에 적절하게 반응하는 방식으로 우리를 이끌어 간다는 사실을 아이들이 이해하도록 도울 것입니다.

수업을 계획하고 가르칠 때 기억할 것들

- 율법에 순종해야만 하나님과 올바른 관계를 맺는 것은 결코 아님을 확실하게 지적하십시오.
- 이번 질문이 실제로 각자의 삶에 어떤 영향을 끼칠지를 아이들이 진지하게 생각하도록 도와주십시오.
- 하나님께 전심으로 헌신하는 것은 성령의 능력으로 순종하는 삶을 살기 위해 애쓰는 것이라는 사실을 명확하게 표현하는 데 주의를 기울이십시오.
- 인도자는 자신이 정한 시간 계획에 맞추어 이 문답에 있는 활동을 섞거나 수정할 수 있습니다(학습 계획을 예시한 13쪽을 참조하십시오). 그 요소들을 모두 할 시간이 없을지도 모릅니다. 여러분이 가르치는 아이들의 강점과 약점에 따라 각 활동을 자유롭게 응용하십시오.

기도하십시오

은혜로우신 하나님, 제가 마음과 목숨과 뜻을 다해 하나님을 사랑하도록 도와주십시오. 제 이웃을 제 자신처럼 사랑하도록 도와주십시오. 하나님을 더욱 영화롭게 할 수 있는 삶의 영역을 제게 보여 주시고, 전심으로 하나님을 위해 살 수 있도록 도와주십시오. 이번 문답을 배우는 아이들이 이것을 이해하게 해주십시오. 아이들이 복음의 은혜가 지닌 아름다움을 깨닫기를, 그래서 그들도 마음과 목숨과 뜻을 다해 하나님을 사랑하게 되기를 기도합니다. 예수님의 이름으로 기도합니다. 아멘.

문7 | 하나님의 율법은 무엇을 명하고 있습니까?

준비하십시오

- 물놀이용 공
- 매직펜
- 보드 게임
- 긴 종이 두루마리 (오래된 벽지나 달력 종이가 좋음.)
- 하트 모양으로 자른 판지. 아이 수만큼
- 사인펜
- "문7 트위터 모양 그림" (자료집)

Notes

교리문답 정리

공기를 넣지 않은 물놀이용 공 위에 매직펜으로 문1-6을 적으십시오.

아이들을 둥글게 서게 하고, 이 놀이의 목적은 물놀이용 공을 바닥에 떨어뜨리지 않는 것이라고 설명해 주십시오. 아이들은 저마다 공이 공중에 떠 있게 해야 합니다. 공이 바닥에 떨어지면, 누군가 한 명이 자발적으로 나서서 공에 적힌 교리문답의 질문에 대답하거나 모든 아이가 벌칙을 받아야 합니다. 벌칙은 팔 벌려 높이뛰기 20번, 팔 굽혀 펴기 5번과 같이 어렵지 않은 것으로 정하십시오. 이 활동은 아이들이 기억을 되짚어 문1-6에 대해 배운 것을 생각해 내도록 독려할 것입니다.

문7 소개

아이들에게 법이 없다면 어떨지 생각해 보라고 하십시오.

처음에는 아이들이 긍정적이고 흥미로운 가능성들을 이야기할지 모릅니다! 사람들을 안전하게 지키기 위해 만들어진 법들을 떠올려 보게 하십시오. 예를 들어, 빨간불에도 자동차들이 멈추지 않는다면 어떻게 될까요? 아니면 사람들이 다른 사람들을 해쳐도 아무런 처벌을 받지 않는다면 어떻게 될까요?

법은 우리 삶에서 기본적인 영역이며 사회를 안전하고 평안하게 유지하기 위해 만들어졌습니다.

계속해서 아이들에게 법을 어겨도 처벌을 받지 않는다면 어떻게 될지 생각해 보라고 하십시오. 처벌받을 위협이 없다면 법은 아무것도 아니라는 사실을 아이들은 희망적으로 여길지도 모릅니다! 법을 어겨도 어떤 처벌도 받지 않는다면 사람들은 끊임없이 법을 어길 것입니다.

문7을 읽어 주십시오. "하나님의 율법은 무엇을 명하고 있습니까?" 이번 문답과 이어지는 여덟 가지 문답은 하나님의 율법에 초점을 맞추고 있습니다.

65

Notes

활동

아이들이 즐길 수 있도록 교실 곳곳에 보드 게임을 준비하십시오.

교실 곳곳에 아이들이 놀 수 있는 보드 게임을 준비해 두었다고 말해 주십시오. 각 보드 게임 주변에 아이들이 자리를 잡으면, 게임을 시작하라고 하십시오. 오늘 하는 게임은 "규칙이 없다"는 것이 규칙이라고 설명해 주십시오! 다양한 게임에 적용되는 일반 규칙들을 지키지 않아도 된다고 알려 주십시오. 잠시 동안 게임을 하면서, 게임에 규칙이 있다는 것을 알지만 누구도 그 규칙을 지키지 않는다는 것을 볼 때 느끼는 좌절을 경험하게 하십시오.

규칙과 법이 얼마나 유용한지를 다시 한 번 아이들이 깨닫도록 도와주십시오. 보드 게임처럼 간단한 놀이에서조차 규칙과 법은 쉽고, 질서 있고, 즐겁게 놀 수 있게 해줍니다!

수업 개요

수업을 시작하면서 하나님께 도움을 구하십시오. 자신이 이번 문답을 신실하게 가르치게 해달라고, 아이들이 잘 듣게 해달라고 간구하십시오.

아이들에게 부모님 말씀을 잘 듣고 있는지 물어보십시오. 아주 완벽하게 순종하는지 물어보십시오. 아이들은 왜 순종하지 않을까요? 부모님께 다정하거나 친절하게 대하는지 돌아보게 하고, 자신의 불순종이 부모님께 어떤 영향을 끼칠지 생각해 보라고 하십시오. 이 세상에 있는 모든 사람은 법을 지키지 않는 위법자이지만, 단순히 부모님께 불순종하기 때문은 아닙니다. 이 나라의 법을 지키더라도 우리는 모두 하나님의 법을 깨뜨린 사람입니다.

하나님은 자기 백성에게 자신의 법을 보이셨습니다. 그 법은 성경에 기록되어 있습니다. 인도자가 설명하는 것을 알고 있는지 아이들에게 물어보십시오(많은 아이가 십계명을 들어 보았을 것입니다).

구약 성경에 있는 출애굽기를 보면 하나님은 시내산에서 자기 백성인 이스라엘에게 자신의 법을 분명하게 공표하셨습니다. 그 율법에는 하나님이 자신의 백성이 어떻게 살아가기를 바라시는지 설명되어 있습니다. 하나님은 자기 백성을 기적처럼 구출하신 직후에 그들에게 자신의 법을 주셨습니다. 이스라엘 백성은 하나님이 강하시고 자비로우신 구원의 하나님이라는 것을 알게 되었습니다. 하나님은 그들을 애굽에서 구원하신 뒤, 그들이 하나님의 백성으로서 하나님의 법 아래 어떻게 살아야 할지를 알려 주고자 하셨습니다. 그분은 자기 백성인 이스라엘에게 완전한 순종을 명하셨습니다. 자신의 백성이 전심을 다한 헌신을 보이길 바라셨습니다. 하나님이 그들에게

문7 | 하나님의 율법은 무엇을 명하고 있습니까?

Notes

구원하는 은혜를 베푸셨기 때문입니다. 그러나 이스라엘 백성은 하나님의 율법에 완전하게 순종할 수 없었고, 그 법을 지키지 못한 결과가 있었습니다.

마태복음 22장 34-40절을 읽으십시오. 아이들이 말씀을 함께 읽을 수 있도록 성경을 준비하십시오.

하나님의 율법은 오늘도 여전히 남아 있으며, 그것은 하나님이 자신의 백성에게 기대하시는 삶의 기준입니다. 오직 예수님만이 하나님의 율법을 완전하게 지키셨습니다. 이것은 다른 사람들은 모두 율법을 지키지 못한 자들이며, 마땅히 벌을 받아야 한다는 뜻입니다. 그리스도인은 그 형벌에서 해방된 자들이라는 사실을 아이들에게 새겨 주십시오. 그것은 예수님이 십자가에 달려 돌아가셨기 때문입니다. 율법을 깨뜨렸지만 용서를 구하며 회개하여 그분께 돌아선 모든 사람의 형벌을 대신 감당하기 위해 예수님은 십자가에 달리셨습니다.

그리스도인이 하나님의 율법을 지키고자 애쓰는 이유는 예수님 안에서 그분이 보이신 구원의 은혜 때문이지, 율법을 지켜야 하나님께 호의를 얻을 수 있기 때문은 아닙니다.

마태복음 22장 34-40절에서 예수님은 하나님의 율법을 요약한 내용을 가르치셨습니다. 그것은 예수님이 자신의 제자들에게 바라시는 삶의 모습입니다. 예수님은 사람들에게 위를 향한 사랑과 옆을 향한 사랑을 보이라고 명하셨습니다. 즉 하나님을 사랑하고, 다른 사람을 사랑하는 것입니다.

예수님은 바리새인들과 청중에게 마음과 목숨과 뜻을 다하여 하나님을 사랑하고 이웃을 내 자신같이 사랑하라는 명령으로 율법을 요약할 수 있다고 설명하셨습니다.

누군가에게 선물을 받거나 누군가가 친절하게 대해 주면 보통 어떻게 반응하는지 아이들에게 물어보십시오. 아마 아이들은 "고맙습니다"라고 말한다고 대답할 것입니다.

하나님이 우리에게 주신 가장 위대한 선물은 바로 예수님입니다. 예수님은 그분을 믿는 사람들을 형벌과 사망에서 구원하신 유일한 분입니다. 하나님이 주신 위대한 선물에 어떻게 반응하는 것이 좋을지 생각해 보라고 하십시오. 그것은 분명 하나님이 명하신 대로 살면서 하나님을 영화롭게 하고자 애쓰며 감사하는 삶을 사는 것입니다.

아이들이 문7과 답을 기억하도록 도우면서 수업을 마치십시오.

이 내용은 단순히 수업 지도를 위한 것입니다. 가르치는 아이들과 상황에 따라 이 내용을 확장하거나 수정하십시오. 여러분의 말로 여러분의 이야기를 쓰십시오. 그리고 아이들에게 적절하게 응용할 만한 예화나 적용을 추가하십시오.

Notes

활동

하트 모양으로 자른 판지를 아이 수만큼 준비하십시오.

아이들에게 하트 모양 종이를 나눠 주십시오. 하트 모양의 판지 한 면에는 "위를 향한 사랑"이라고 적고, 다른 면에는 "옆을 향한 사랑"이라고 적으라고 하십시오.

어떻게 하면 마음과 목숨과 뜻을 다하여 하나님을 사랑할 수 있을지 생각해 보고 떠오른 생각들을 "위를 향한 사랑" 면에 적어 보라고 하십시오. 그리고 나서 아이들에게 하나님이 아이들 주변에 두신 사람들을 어떻게 사랑할지 물어보십시오. 그리고 "옆을 향한 사랑" 면에 몇 가지 방법을 적어 보라고 하십시오.

다른 아이들에게 자신이 적은 내용을 나누게 하면서 활동을 마무리하십시오.

토론과 질문

아이들은 다음과 같은 질문을 할 수도 있습니다.

? 하나님의 율법이 하나님을 기쁘시게 하나요?

순종하는 삶은 하나님을 영화롭게 하고 기쁘시게 합니다. 그러나 그런 순종하는 삶이 하나님께 은혜를 얻게 하지는 않습니다.

? 저는 하나님의 율법을 완전하게 지키고 싶어요. 어떻게 하면 그럴 수 있을까요?

하나님의 율법을 완전하게 지키는 것은 불가능합니다. 그렇기 때문에 반드시 예수님을 통해 구원받아야 합니다. 성령님은 우리에게 점점 하나님의 율법에 합당한 거룩한 방식으로 살 수 있는 능력을 주십니다.

? 하나님의 율법을 깨뜨리면 어떻게 되나요?

자신이 그리스도인이라고 생각한다면 그리스도께서 우리가 받을 형벌을 감당하셨음을 확신할 수 있어야 합니다. 하나님의 율법을 깨뜨릴 때마다 계속 회개하고 하나님께 전심으로 헌신하는 삶을 살도록 도와달라고 간구해야 합니다. 그리스도인이 아닌 친구들에게는 율법을 지키지 않는 자로서 형벌을 감당해야 한다는 사실을 부드럽지만 명확하게 알려 주어야 합니다.

다음 질문을 통해 아이들이 자신의 삶을, 그리고 이 교리문답이 각자에게 어떻게 영향을 줄지를 생각하도록 도와주십시오.

- 마음과 목숨과 뜻을 다해 하나님을 사랑한다는 것이 무슨 뜻일까요?
- 친구와 가족, 이웃을 어떻게 하면 더 사랑할 수 있을까요?

문7 하나님의 율법은 무엇을 명하고 있습니까?

- 다른 사람들에게 하나님의 풍성한 사랑을 어떻게 보여 줄 수 있을까요?
- 어떻게 해야 하나님께 전심으로 헌신할 수 있을까요?

Notes

덕목 찾기
감사
아이들에게 "문7 트위터 모양 그림"(자료집)과 사인펜을 나눠 주십시오.

하나님의 율법이 여전히 적실한 이유는 그 율법이 우리 삶을 하나님 뜻대로 인도해 주고 그분의 은혜에 감사하는 삶을 가르쳐 주어서라는 것을 아이들에게 새겨 주십시오. 우리가 위를 향한 사랑을 보이는 한 가지 방법은 하나님께 감사하는 것입니다. 또한 옆을 향한 사랑을 보이는 한 가지 방법은 주변 사람들에게 감사하는 것입니다.

이번 시간에는 아이들에게 하나님이 누구이시며 어떤 일을 행하셨는지에 대해 감사하는 트윗을 써보게 하십시오(140자를 넘어서는 안 됩니다!). 140자를 맞추려면 종이 뒷면에 연습용으로 써보는 것도 좋습니다. 그리고 나서 다른 사람에게 감사하는 트윗을 써보게 하십시오.

암송 활동
긴 종이 두루마리(벽지나 달력 종이)에 암송 구절이나 교리문답의 답을 쓰십시오. 종이를 펼치고 아이들에게 여러 번 암송 구절을 읽어 보라고 하십시오. 한 사람이 두루마리 끝을 잡고 있다가 점점 단어가 안 보이도록 종이를 말기 시작하십시오. 암송 구절의 일부를 말고, 아이들에게 암송 구절을 다시 말해 보라고 하십시오. 이 과정을 되도록 여러 번 반복하십시오.

마치는 기도
몇몇 아이에게 트위터에 적은 감사 기도로 마치는 기도를 드리도록 독려하십시오.

인도자 가이드 1

성부 하나님
창조와 타락
율법

문8

하나님의 율법은 십계명에 어떻게 나타나 있습니까?

답

너는 나 외에는 다른 신들을 네게 두지 말라.
너를 위하여 새긴 우상을 만들지 말라.
너는 네 하나님 여호와의 이름을 망령되게 부르지 말라.
안식일을 기억하여 거룩하게 지키라. 네 부모를 공경하라.
살인하지 말라. 간음하지 말라. 도둑질하지 말라.
거짓 증거 하지 말라. 탐내지 말라.

핵심 개념
하나님은 이스라엘 백성에게 십계명으로 도덕법을 보여 주셨다.

목적
십계명이 무엇인지를 아이들이 이해하도록 돕는다.

성경 본문
출애굽기 20장

암송 구절
"너는 나 외에는 다른 신들을 네게 두지 말라"
(출 20:3).

핵심 덕목
감사

Notes

기억하십시오

아이들은 십계명에 대한 다양한 견해를 접해 봤을 것입니다. 오늘날에는 십계명이 그리스도인에게든 비그리스도인에게든 전혀 관련이 없다는 이야기를 들어 봤을지도 모릅니다. 또는 이 시대의 그리스도인에게도 십계명은 매우 중요하며, 하나님과 올바른 관계를 맺기 위해서는 반드시 지켜야 한다는 견해를 들었을 수도 있습니다. 이러한 주장들은 모두 진실이 아닙니다! 이번 교리문답의 질문은 율법이라는 주제를 자세하게 다루기 시작합니다. 이 커리큘럼에서 앞으로 나올 여덟 개의 질문은 하나님의 율법에 초점을 맞춥니다. 이번 문답에서는 본래 문맥에 비추어 율법을 소개하고, 하나님이 자신의 백성 이스라엘에게 율법을 주신 이유와 방식을 살펴봅니다.

수업을 계획하고 가르칠 때 기억할 것들

- 십계명은 하나님의 도덕법입니다.
- 십계명에는 하나님의 성품이 담겨 있습니다.
- 십계명은 사랑으로 주어졌습니다.
- 아이들은 법이라는 개념을 잘 알고 있을지도 모릅니다.
- 율법에 대해 가르칠 때는 율법주의로 나아가지 않도록 주의해야 합니다.
- 간음을 어떻게 설명하는지는 **문11**에서 다룰 것입니다. 그 주제를 이번 문답에서 논의할 경우에는 97쪽으로 넘어가 "인도자에게 주는 글"을 읽으십시오.
- 인도자는 자신이 정한 시간 계획에 맞추어 이 문답에 있는 활동을 섞거나 수정할 수 있습니다(학습 계획을 예시한 13쪽을 참조하십시오). 그 요소들을 모두 할 시간이 없을지도 모릅니다. 여러분이 가르치는 아이들의 강점과 약점에 따라 각 활동을 자유롭게 응용하십시오.

기도하십시오

하나님 아버지, 율법을 주셔서 감사합니다. 율법을 통해 하나님과 이웃에게 제가 감당할 책임을 깨닫게 하셔서 감사합니다. 하나님의 율법을 공부할 때마다 하나님이 누구이시며 어떤 분인지를 더 깊이 이해할 수 있게 하시니 감사합니다. 아이들이 이번 문답을 잘 이해하게 해주십시오. 아이들이 하나님의 율법을 마주할 때, 하나님이 자기 백성에게 자신을 드러내기로 선택하신 사랑의 하나님임을 이해하고 그 마음에 감사가 가득하길 기도합니다. 예수님의 이름으로 기도합니다. 아멘.

문8 | 하나님의 율법은 십계명에 어떻게 나타나 있습니까?

준비하십시오

- "문8 교리문답 정리"(다운로드)
- 테이프
- 젠가 게임
- 스크래치 종이(다양한 색 위에 검은 색을 칠한 종이), 아이 수만큼
- 이쑤시개, 아이 수만큼
- 그림으로 표현한 십계명
- 사인펜
- 큰 종이 몇 장

Notes

교리문답 정리

"문8 교리문답 정리"(다운로드)를 프린트해서 잘라 놓으십시오. 이전에 배운 질문 일곱 개를 젠가 블록에 붙이고 젠가 탑을 쌓으십시오.

아이들을 몇 팀으로 나누십시오. 각 팀이 돌아가며 한 사람씩 젠가 탑에서 블록을 빼게 하십시오(빼낸 블록은 위에 다시 쌓지 말고 한쪽에 두십시오). 빼낸 블록에 질문이 적혀 있다면, 그 아이는 그 질문의 답을 말하거나 같은 팀에 있는 다른 아이에게 질문을 넘길 수 있습니다. 그 팀에서 정확한 답을 말하지 못한다면, 다른 팀이 질문에 대한 답을 말할 수 있습니다.

답을 제대로 말하는 팀은 포인트를 얻을 수 있습니다. 포인트를 가장 많이 받은 팀이 우승합니다.

문8 소개

아이들에게 실제 법률들을 읽어 주십시오.

1. 미국 아칸소 주에서는 "아칸소"(Arkansas)를 제대로 발음하지 않는 것이 불법입니다.
2. 캘리포니아 주 카멜에서는 허가 없이 하이힐을 신는 것이 불법입니다.
3. 네바다 주에서는 낙타를 사냥하는 것이 불법입니다.
4. 조지아 주 게인즈빌에서는 프라이드치킨을 먹을 때 포크를 사용할 수 없습니다. 손으로만 먹어야 합니다.
5. 루이지애나 주 뉴올리언스에서는 소방관에게 욕하는 것이 불법입니다.
6. 2015년까지는 앨라배마 주에서 일요일에 카드 게임을 하는 것이 불법이었습니다.
7. 뉴욕 주 비컨에서는 시의 경계 안에 핀볼 기계를 소유하는 것이 불법입니다.
8. 2007년까지는 루이지애나 주에서 가짜 레슬링 시합을 하는 것이 불법이었습니다.
9. 켄터키 주에서는 종교 예식에서 파충류를

Notes

다루는 것이 불법입니다.
10. 조지아 주 쾻먼에서는 닭이 길을 건너게 하는 것이 불법입니다.
11. 조지아 주에서는 서커스단에 12세 이하 아이를 파는 것이 불법입니다.

아이들에게 법이 왜 중요하다고 생각하는지 물어보십시오.

법은 사회가 제대로 돌아가도록 도와주지만, 어떤 법들은 매우 이상합니다!

문8을 읽어 주십시오. "하나님의 율법은 십계명에 어떻게 나타나 있습니까?" 하나님은 자기 백성에게 율법을 주셨다고 설명해 주십시오. 그 율법은 사람들이 하나님을 높여 드리는 삶을 살도록 도와주는 것과 관련되어 있었습니다. 그것은 옳고 그름에 관한 것, 즉 하나님의 도덕법이었습니다. 문8은 십계명에서 말하는 하나님의 율법이 무엇인지를 설명하고 있습니다.

활동

아이들에게 스크래치 종이와 이쑤시개를 나누어 주십시오.

아이들에게 십계명이 원래 어떤 모양이었을지를 표현한 그림을 보여 주십시오. 아이들이 스크래치 종이를 십계명 판 모양으로 자르고 종이에 그 계명들을 새겨서 저마다 자신만의 계명을 만들어 보게 하십시오.

아이들이 계명 판을 만드는 동안 출애굽기 20장을 소리 내어 읽으십시오.

수업 개요

수업을 시작하면서 하나님께 도움을 구하십시오. 자신이 이번 문답을 신실하게 가르치게 해달라고, 아이들이 잘 듣게 해달라고 간구하십시오.

아이들에게 이렇게 물어보십시오. "나라를 세운다면, 어떤 법을 만들어야 그 나라가 잘 살 수 있을까요?" 또한 가장 사랑하는 사람들을 위한 법을 만든다고 상상해 보라고 하십시오. 어떻게 달라질까요?

어떤 법이든 그 의도는 인류가 안전하고 윤택한 사회에서 번성하고 잘 살게 하려는 것입니다. 아이들에게 출애굽기 20장을 읽어 주십시오. 이 성경 본문은 하나님이 애굽에서 구원하신 이스라엘 백성에게 어떻게 율법을 주셨는지를 떠올리게 합니다. 하나님은 이스라엘 백성을 사랑하시고 그들에게 가장 좋은 것을 주길 바라셨기 때문에 율법을 주셨음을 강조하십시오.

문8 | 하나님의 율법은 십계명에 어떻게 나타나 있습니까?

출애굽기 20장을 읽으십시오. 아이들이 말씀을 함께 읽을 수 있도록 성경을 준비하십시오.

율법은 가혹하고 통제하려는 의도를 지녔다고 생각하는 사람이 많습니다. 그러나 사실 이 율법은 사람들의 유익을 위해 만들어졌습니다. 하나님이 이스라엘 백성에게 주실 율법을 모세에게 직접 말씀하신 것은 이스라엘 백성을 사랑하시고 그들이 안전하고 행복하게 사는 데 관심이 있으셨기 때문입니다. 십계명에서 말하는 하나님의 율법은 그분의 백성에게 짐을 지우려는 것이 아니라 그 백성을 사랑하고 축복하기 위한 것입니다. 각 계명은 하나님의 성품과 본질을 나타냅니다. 율법을 공부할 때 우리는 하나님의 생각을 이해하기 시작합니다. 그분이 사랑하는 것과 그분이 미워하는 것을 알게 되는 것입니다.

다시 십계명을 읽어 보면서 아이들이 그 율법 안에서 하나님의 특성을 분별할 수 있는지 살펴보십시오.

세상이 시작될 때, 하나님은 아담과 하와에게 한 가지 법을 주셨습니다. 선과 악을 알게 하는 나무를 먹지 말라는 것이었습니다. 그것은 하나님이 아담과 하와를 규제하려는 것이 아니라 오히려 그들을 자유롭게 하시려는 것이었습니다! 지켜야 할 율법은 단 하나였습니다. 그러나 사탄은 아담과 하와를 꾀어 그 한 가지 율법을 깨뜨리게 했고, 결국 죄가 이 세상에 들어오게 되었습니다. 세상과 그 안에 있는 모든 것이 죄에 영향을 받았기 때문에 십계명에서 말하는 율법이 반드시 필요합니다.

출애굽기 19장 3-6절을 읽으십시오.

이 구절에서 하나님은 이스라엘 백성을 그분의 소유, 제사장 나라, 거룩한 백성으로 삼길 원하신다고 선포하고 계십니다. 하나님은 그들을 노예에서 해방시키시고, 애굽에서 이끌어 내시면서 기적과 같은 돌봄과 사랑을 보이신 분이 하나님 자신이라는 것을 이스라엘 백성이 기억하길 바라셨습니다. 하나님은 이스라엘이 자신을 향한 하나님의 위대한 사랑이라는 맥락에서 그 율법을 이해하길 바라셨습니다. 그분이 그들에게 율법을 주신 것은 그들을 구원받게 하기 위해서가 아니라 그들이 이미 구원받았기 때문이었습니다. 이스라엘은 노예였지만 이제는 자유로워졌습니다. 율법은 그들이 누리는 자유 안에서 그들을 섬기기 위한 것이었습니다. 하나님은 이스라엘과 언약을 맺으셨고, 그 율법을 지킨다면 큰 축복을 베풀겠다고 약속하셨습니다. 그러나 그것을 깨뜨리는 자에게는 저주를 내리겠다고 말씀하셨습니다.

부모님이 우리에게 순종해야 할 규칙을 만드시는 이유가 무엇이라고 생각하는지 아이들에게 물어보십시오. 예를 들면, 부모님은 왜 특정한 시간이 되면 잠자리에 들라고 하실까요? 부모님은 왜 과일이나 야채를 꼭 먹어야 한다고 하실까요? 부모님이 우리의 즐거움을 망쳐 버리고 싶으신 걸까요? 아닙니다! 사실 부모님은 우리가 가장 풍성한 삶을 누리길 바라시기 때문에 그렇게 하시는 것입니다.

Notes

Notes

십계명에서 말하는 하나님의 율법은 성부 하나님의 사랑에서 비롯되었습니다. 비그리스도인은 하나님을 흥을 깨는 분이나 하늘에 있는 경찰관으로 여길지도 모릅니다. 그러나 그리스도인은 궁극적으로 하나님이 자기 백성에게 가장 좋은 것을 주고 싶어 하신다는 사실을 알고 이해해야 합니다. 그렇기 때문에 하나님이 우리에게 삶을 위한 율법이나 길잡이를 주신 것입니다.

하나님의 율법은 오늘날에도 여전히 적실하다는 사실을 아이들에게 설명해 주십시오. 특히 이 율법은 하나님과 이웃과의 관계에 초점이 맞춰져 있습니다.

아이들이 문8과 답을 기억하도록 도우면서 수업을 마치십시오.

이 내용은 단순히 수업 지도를 위한 것입니다. 가르치는 아이들과 상황에 따라 이 내용을 확장하거나 수정하십시오. 여러분의 말로 여러분의 이야기를 쓰십시오. 그리고 아이들에게 적절하게 응용할 만한 예화나 적용을 추가하십시오.

활동

십계명 제스처 놀이를 하십시오. 한 아이가 십계명 중 하나를 골라 몸짓으로 표현하면 다른 아이들은 그것이 무슨 계명인지 맞추는 것입니다.

토론과 질문

아이들은 다음과 같은 질문을 할 수도 있습니다.

? 지금도 십계명이 적절한가요?

십계명은 하나님의 백성이 하나님을 향한 자신의 책임을 이해하고, 이웃을 향한 책임도 이해하는 데 도움이 되기 때문에 오늘날에도 적실합니다.

? 하나님은 정말 사람들이 십계명을 지킬 수 있다고 생각하셨나요?

하나님은 모든 사람의 마음을 아십니다. 그래서 우리가 하는 그 어떤 행동도 그분을 놀라게 할 수 없습니다. 문13을 배우면서 우리가 율법을 완전하게 지키지 못하는 이유를 더 자세히 이야기할 것입니다.

? 하나님은 왜 그런 특이한 방식으로 사람들에게 십계명을 주셨나요?

하나님이 그런 특별한 방식으로 십계명을 주신 것은 그 율법이 인간이 아닌 그분에게서 온 것임을 분명하게 보여 주기 위해서

문8 | 하나님의 율법은 십계명에 어떻게 나타나 있습니까?

| 입니다.
- 하나님의 특성을 더 깊이 이해하는 데 십계명이 어떤 도움이 될 수 있을까요?
- 십계명이 사랑에서 비롯되었다는 사실을 이해할 수 있나요?
- 십계명에서 세운 하나님의 기준에 따르면 자신은 어떻게 평가될까요?

다음 질문을 통해 아이들이 자신의 삶을, 그리고 이 교리문답이 각자에게 어떻게 영향을 줄지를 생각하도록 도와주십시오.

Notes

덕목 찾기
감사

벽 한쪽을 종이로 덮고 "감사의 벽"이라고 정하십시오. 맨 위에 "나는 하나님이 …… 여서 감사합니다"라고 적으십시오.

이번 문답은 하나님이 십계명에 자신의 특성  을 친절하게 드러내셨다는 것을 아이들이 이해하도록 도왔습니다. 아이들에게 출애굽기 20장에서 배운 하나님의 성품을 벽에 적어 보라고 하십시오. 하나님이 그런 식으로 자신을 드러내기로 하신 것이 얼마나 놀라운 일인지를 아이들이 돌아볼 수 있도록 도와주십시오.

암송 활동

"뉴시티 교리문답송"(newcitycatechism.com이나 NCC 어플에서 영어 노래를 무료로 들을 수 있습니다)에서 문8에 해당하는 노래를 함께 들으십시오(가사를 한국어로 바꾸어 활용할 수 있습니다). 아이들에게 노래를 몇 번 들려주고, 아이들에게 각각 다른 계명을 정해 주십시오. 자신이 맡은 계명이 나오면 노래를 따라 부르게 하십시오. 한 번 다 부르고 나면, 서로 계명을 바꾸어서 반복하십시오.

마치는 기도

"감사의 벽" 주변에 함께 모여 하나님이 누구이신지, 그리고 율법을 통해 하나님을 더 완전하게 알게 하신 방식에 대해 아이들이 하나님을 찬양하도록 독려하십시오.

인도자 가이드 1

성부 하나님
창조와 타락
율법

문9

하나님은 첫째 계명, 둘째 계명, 셋째 계명에서 무엇을 명하십니까?

답

하나님은 첫째 계명에서 우리에게 하나님이 참되신 유일한 하나님임을 알라고 명하셨습니다. 둘째 계명에서는 모든 우상 숭배를 피하라고 명하셨습니다. 셋째 계명에서는 하나님의 이름을 경외하고 높이라고 명하셨습니다.

핵심 개념
하나님은 거짓 우상을 예배하는 것을 참지 않으신다. 그분은 질투하는 하나님이며 전심을 다한 헌신을 요구하신다.

암송 구절
"네 하나님 여호와를 경외하며 그를 섬기며 그의 이름으로 맹세할 것이니라 너희는 다른 신들 곧 네 사면에 있는 백성의 신들을 따르지 말라"(신 6:13-14).

목적
하나님만이 예배 받으실 분이라는 것을 이해하도록 돕고 어떻게 그분을 예배할지 가르친다.

핵심 덕목

신뢰

성경 본문
출애굽기 20장

Notes

기억하십시오

아이들은 상대적이고 다원적인 21세기 분위기를 잘 알고 있을지 모릅니다. 학교와 동네, 더 나아가 도시에 종교가 다른 사람들, 또는 아예 종교가 없는 사람들이 있다는 사실도 의식하고 있을 것입니다. 아이들은 특히 대중매체를 자주 접하며 절대 진리라는 개념을 의심하도록 교육받습니다. 그 결과, 오직 유일하고 참되신 하나님이 계시다는 사실을 인정하길 꺼려합니다.

이번 문답의 질문은 아이들이 첫 세 계명에 자신을 드러내신 대로 하나님을 알아 가도록 도울 것입니다. 이번 문답의 목적은 아이들이 하나님이 자기 백성과 어떤 관계를 맺길 바라시는지를 이해하고 하나님이 자기 백성에게 어떤 예배를 요구하시는지 알아 가도록 돕는 것입니다.

수업을 계획하고 가르칠 때 기억할 것들

- 아이들은 십계명을 잘 알고 있을지 모릅니다. 그렇더라도 하나님은 질투하는 하나님이어서 어떤 경쟁도 용납하지 않으시는 분이라는 사실을 다시 새겨 주십시오.
- 아이들에게 자기 마음을 살펴 하나님 말씀대로 그분을 예배하고 있는지 생각해 보라고 권하십시오.
- 아이들은 다른 종교를 비판하는 것을 불편해할지 모릅니다. 하나님은 오직 자기 이름만이 높여지고 경배받길 바라신다는 것을 설명해 주십시오.
- 인도자는 자신이 정한 시간 계획에 맞추어 이 문답에 있는 활동을 섞거나 수정할 수 있습니다(학습 계획을 예시한 13쪽을 참조하십시오). 그 요소들을 모두 할 시간이 없을지도 모릅니다. 여러분이 가르치는 아이들의 강점과 약점에 따라 각 활동을 자유롭게 응용하십시오.

기도하십시오

전능하신 하나님, 제가 하나님을 견고하게 신뢰하고 하나님만을 예배하도록 도와주십시오. 하나님 말씀을 읽으며 하나님을 계속 알아가고 제 마음과 목숨과 뜻을 다해 하나님을 사랑하도록 도와주십시오. 아이들이 이번 문답을 잘 이해하게 해주십시오. 하나님만 예배하고 신뢰하며 하나님 안에서만 기쁨을 발견하도록 아이들이 도전받길 기도합니다. 예수님의 이름으로 기도합니다. 아멘.

문9 | 하나님은 첫째 계명, 둘째 계명, 셋째 계명에서 무엇을 명하십니까?

준비하십시오

- "문9 교리문답 정리"(다운로드)
- 큰 그릇
- 사인펜
- 종이
- 양동이 또는 쓰레기통
- "문9 거짓 신상들"(자료집)
- 십계명의 첫 세 계명을 단어별로 잘라서 각 단어를 봉투에 넣은 것.
- "문9 내 마음속"(자료집), 아이 수만큼
- 가위
- 잡지와 신문 여러 개
- 풀

교리문답 정리

종이와 펜, 양동이나 쓰레기통을 준비하십시오. "문9 교리문답 정리"(다운로드)를 잘라 큰 그릇에 답을 넣어 두십시오.

아이들을 몇 팀으로 나누십시오. 팀마다 종이 여덟 장과 펜 한 자루씩을 나눠 주십시오.

그릇에 문1-8의 답이 들어 있다고 알려 주십시오. 이번 활동의 목적은 아이들이 그릇에 든 답에 해당하는 질문을 빠르게 적어 보는 것입니다. 여덟 개 답 가운데 하나를 그릇에서 뽑아 큰 소리로 읽으십시오. 1분 안에 그 답에 해당하는 질문을 적게 하십시오. 시간이 다 되면, 해당 질문을 읽으십시오.

질문을 정확하게 맞춘 팀들은 교실 한곳으로 이동합니다. 그리고 질문을 적은 종이를 구겨서 양동이에 던지게 하십시오. 다시 시작하면서 시간이 허용하는 한 많은 질문을 적게 하십시오. 양동이에 가장 많은 종이를 던져 넣은 팀이 우승입니다.

문9 소개

"문9 거짓 신상들"(자료집)을 준비하십시오.

먼저 사람들이 섬겼거나 지금도 섬기고 있는 몇몇 거짓 신상 그림을 아이들에게 보여 주십시오. 신상 그림들을 보여 주면서 그 거짓 신을 섬기는 종교가 무엇인지 각각 설명하십시오(1. 금송아지: 바알 숭배 / 2. 아르테미스: 그리스 신화, 3. 시바: 힌두교 / 4. 상고: 요루바족 종교). 많은 사람이 거짓 신을 섬긴다는 사실을 아이들에게 설명해 주십시오.

그 다음에는 21세기에도 많은 사람이 다양한 우상을 섬기는 모습을 아이들에게 보여 주십시오. 사람들은 온갖 것에서 신(하나님이 아니라 신!)을 만들어 냅니다. 피조물을 창조주보다 높이

Notes

두고 예배할 때, 우리는 우상을 섬기는 것입니다(5. 고대 예배 제단: 불교 / 6. 힘 / 7. 소유 / 8. 가족).

문9를 읽어 주십시오. "하나님은 첫째 계명, 둘째 계명, 셋째 계명에서 무엇을 명하십니까?" 모세에게 십계명을 주실 때, 하나님은 자기 백성이 자신과 어떻게 관계를 맺어야 하는지를 구체적으로 가르쳐 주신 것입니다. 하나님은 질투하시는 하나님이며, 모든 사람의 삶에서 가장 우선되길 바라십니다. 그분은 2인자로 밀려나거나 소홀히 여겨지는 것을 참지 않으십니다.

활동

십계명의 첫 세 계명을 종이에 한 단어씩 프린트하여 봉투 하나에 하나씩 넣으십시오. 봉투들을 숨겨서 아이들이 찾게 하십시오.

아이들에게 봉투를 찾아보라고 하십시오. 봉투를 찾으면 단어를 꺼내서 다른 아이들과 함께 각 계명의 단어를 정확한 순서대로 배열하게 하십시오. 계명마다 색이 다른 종이에 단어를 프린트하면 더 쉽게 할 수 있습니다.

이번 문답에서는 첫 세 계명을 배울 것이라고 알려 주십시오. 기억을 되살리기 위해 큰 소리로 세 계명을 읽게 하십시오. 첫 세 계명은 모두 하나님과 그분 백성의 관계를 설명합니다.

수업 개요

수업을 시작하면서 하나님께 도움을 구하십시오. 자신이 이번 문답을 신실하게 가르치게 해달라고, 아이들이 잘 듣게 해달라고 간구하십시오.

아이들에게 세상에서 가장 사랑하는 것이 무엇인지 물어보십시오. 꼭 말하라고 강요하지는 마십시오. 그러나 자기 마음을 잘 살필 수 있도록 독려해 주어야 합니다.

출애굽기 20장 1-7절을 읽으십시오. 아이들이 말씀을 함께 읽을 수 있도록 성경을 준비하십시오.

이스라엘 역사상 이 시기에 이스라엘 백성은 하나님의 구원의 능력을 경험하였습니다. 하나님은 그들을 애굽에서 끌어 내셔서 노예에서 해방시키셨습니다. 이스라엘 백성은 하나님이 자신들을 선택하시고 부르시고 사랑하셨다는 것을 알았습니다. 그들은 하나님이 실재하신다는 것을 알았을 뿐 아니라 그분을 신뢰할 만한 근거도 충분했습니다. 그럼에도 우리는 하나님이 첫 계명에서 엄하게 경고하시는 내용을 보게 됩니다. 하나님은 이렇게 말씀하셨습니다. "너는 나 외에는 다른 신들을 네

문9 | 하나님은 첫째 계명, 둘째 계명, 셋째 계명에서 무엇을 명하십니까?

Notes

게 두지 말라." 하나님이 "너"라고 말씀하신 것은 모든 사람 하나하나를 뜻하는 것입니다! 일반적인 선언이 아닙니다. 각자에게 전하시는 개인적인 메시지인 것입니다. 하나님은 이스라엘이 때로 거짓 신들을 숭배한 것을 알고 계셨습니다. 이 신들은 오늘날 다른 종교에서 예배하는 신들과 조금 비슷합니다. 그들은 참되시고 살아 계신 하나님이 놀랍게 역사하시는 것을 지켜봤지만, 그럼에도 하나님은 그들에게 그분만을 사랑하라고 명하십니다. 이스라엘 백성이 또다시 창조주가 아닌 피조물을 숭배할 것을 염려하셨기 때문입니다.

창조주 하나님은 자기 백성이 자신만을 알고, 사랑하고, 예배하길 바라셨습니다. 예나 지금이나 하나님은 자기 백성이 그분이 아닌 다른 무엇이나 다른 누군가를 예배하는 것을 참지 않으십니다.

아이들에게 거짓 신을 예배하는 것을 어떻게 생각하는지 물어보십시오. 오늘날에도 여전히 거짓 신을 섬기는 사람들이 있다는 것을 아이들이 이해하도록, 그리고 신앙이 다른 사람들과 어떻게 어울릴 수 있을지 생각해 보도록 도와주십시오.

또한 사람들은 종종 하나님이 계실 자리에 다른 것을 두고 예배한다는 사실을 강조하십시오. 오늘날 사람들이 어떤 것들을 섬기는지 물어보십시오. 하나님은 질투하시는 하나님이며, 자신이 받은 경배와 찬양, 영광을 다른 누군가와 공유하지 않으신다는 사실을 분명히 말해 주십시오.

다시 한 번 아이들에게 자기 마음을 살펴보라고 하십시오. 그리고 어디에서 기쁨을 찾는지 물어보십시오. 아이들이 가장 신뢰하는 사람은 누구입니까? 또는 가장 신뢰하는 것은 무엇입니까? 하나님입니까, 아니면 다른 무엇, 다른 누군가입니까?

이제 둘째 계명으로 넘어 가십시오. 첫째 계명은 우리가 **누구를** 예배해야 하는지를 말한다면, 둘째 계명은 우리가 **어떻게** 예배해야 하는지를 말하고 있습니다.

하나님은 사람들이 그분이나 거짓 신들의 형상(그림)이나 우상을 섬기길 바라지 않으신다고 매우 분명하게 말씀하십니다. 하나님은 자신의 말씀만으로 알려지길 원하십니다. 하나님은 자신의 말씀으로만 자신을 드러내기로 하셨으며, 말씀으로만 그분을 알 수 있습니다. 하나님의 형상을 만들 때, 사람들은 나름의 상상력을 발휘하여 자신이 바라는 방식대로 하나님을 나타냅니다. 문제는 자신이 좋아하지 않는 부분을 빼버리거나 진실이 아닌 부분을 덧붙인다는 것입니다. 아무리 최선을 다했을지라도 그림이나 동상으로는 결코 하나님의 형상을 정확하게 만들 수 없습니다. 하나님을 돌덩어리나 알록달록한 캔버스 안에 구겨 넣을 수는 없습니다! 우리는 성부 하나님을 결코 본 적이 없습니다. 그렇기 때문에 그분의 형상은 모두 인간의 상상에서 나온 것일 뿐입니다.

우리는 인간이 대변하는 하나님이 아니라 성경이 말하는 하나님을 예배해야 합니다. 하나님을 자신이 바라는 모습으로 만들어서는

Notes

안 되며 하나님이 우리에게 드러내신 대로 그분을 알고 예배해야 합니다.

마지막으로 셋째 계명으로 넘어 가십시오. 아이들에게 다시 7절을 읽으라고 한 뒤, 그 말씀이 무슨 뜻이라고 생각하는지 물어보십시오. 누군가가 하나님의 이름을 망령되이 부르는 것을 들으면 어떤 느낌이 드는지 물어보십시오.

하나님은 자신의 이름과 평판이 보호되길 바라십니다. 그래서 자신의 이름을 망령되이 부르는 행위를 매우 심각하게 다루십니다. 하나님이 자신의 특별한 이름인 "여호와"를 사람들에게 말씀하신 것은 자신의 특성을 드러내신 것이었습니다. 하나님의 이름을 부르는 것은 종종 그 사람과 하나님의 관계를 말해 줍니다. 누군가가 다른 무엇보다 하나님을 사랑하고, 그분을 예배하며, 그분 안에서 큰 기쁨을 누린다면, 그 사람은 분명 하나님의 이름을 망령되이 부르지 않을 것입니다. 하나님을 멀리하는 사람들만이 그분의 이름을 망령되이 부를 것입니다.

아이들이 날마다 누구를 예배하고 어떻게 예배해야 할지를 되돌아보도록 도와주며 수업을 마무리하십시오.

아이들이 문9와 답을 기억하도록 도우면서 수업을 마치십시오.

이 내용은 단순히 수업 지도를 위한 것입니다. 가르치는 아이들과 상황에 따라 이 내용을 확장하거나 수정하십시오. 여러분의 말로 여러분의 이야기를 쓰십시오. 그리고 아이들에게 적절하게 응용할 만한 예화나 적용을 추가하십시오.

🕙 활동

아이들에게 건전하고 컬러 광고가 많이 실린 잡지나 신문을 나눠 주십시오.

아이들에게 "문9 내 마음속"(자료집)을 한 장씩 나눠 주십시오. 안쪽에 마음이 하나 더 있는 것이 보일 것입니다. 아이들은 하나님만이 예배받으셔야 한다는 사실을 기억할 수 있도록 마음 한가운데에 "하나님"이라고 씁니다. 아이들에게 잡지나 신문을 뒤적이면서 사람들이 하나님보다 더 사랑하고 싶어 할 만한 것들을 찾아 가위로 오리라고 하십시오.

오려 낸 것 중에 좋은 것(가족, 동물, 음식, 장난감 사진)들은 바깥쪽 마음에 붙이게 하십시오. 하나님이 창조하신 좋은 것들을 사랑하는 것은 당연합니다. 그러나 우리는 그러한 것들을 결코 하나님 자리에 두어서는 안 됩니다. 아이들은 바깥쪽 마음에 그러한 것들을 그려 넣을 수도 있습니다.

아이들이 좋지 않은 것들을 오렸다면, 그러한 것들은 우리 마음에 속하지 않는다는 것을

문9 | 하나님은 첫째 계명, 둘째 계명, 셋째 계명에서 무엇을 명하십니까?

보여 주기 위해 종이 가장자리에 붙이라고 말해 주십시오.

Notes

토론과 질문

아이들은 다음과 같은 질문을 할 수도 있습니다.

? 사람들은 왜 우상을 숭배하나요?

사람들이 우상을 숭배하는 것은 그 동상이나 형상 뒤에 신이 있으며, 그 신이 강하다고 생각하기 때문입니다. 사람들은 신을 기쁘게 할 수 있다면, 자신이 원하는 것을 그 신이 이루어 줄 것이라고 생각합니다. 우리가 보기에는 정신 나간 소리 같지만, 간절히 도움을 구하면서도 어디로 가야 할지 모르는 사람이 많습니다.

? 하나님의 이름을 망령되이 부른다는 것이 무슨 뜻인가요?

하나님의 이름을 망령되이 부르는 경우는 매우 다양합니다. 어떤 사람은 욕을 할 때 하나님의 이름을 부릅니다. 또 어떤 사람은 무언가를 요청할 때 그리스도의 이름을 내세우지만, 그리스도께서 명하신 방식대로 요청하지는 않습니다.

? 질투는 선한 감정인가요?

하나님이 드러내시는 감정은 늘 순수하며 죄에 영향 받지 않은 것입니다. 그렇기 때문에 하나님의 질투는 우리가 하는 질투와 다릅니다. 자기 아내가 다른 사람을 사랑하는 것을 남편이 바라지 않는 것이 당연하듯이 하나님이 우리에게 다른 누군가나 다른 무엇을 예배하지 않기를 바라시는 것은 당연합니다.

다음 질문을 통해 아이들이 자신의 삶을, 그리고 이 교리문답이 각자에게 어떻게 영향을 줄지를 생각하도록 도와주십시오.

- 하나님을 사랑하나요, 우상을 섬기나요?
- 성경적인 예배를 명확하게 설명할 수 있나요? (말씀에 계시된 대로 하나님만 예배하는 것)
- 하나님의 이름을 망령되이 부르는 일이 흔해진 이 세상을 거슬러 살아갈 준비가 되었나요?

Notes

덕목 찾기

신뢰

누구나 언젠가는 어떤 사람이나 무언가를 믿고 의지한다는 것을 설명해 주십시오. 아이들은 자신을 보살피는 부모님을 의지합니다. 비행기 승객들은 조종사가 비행기를 날게 할 수 있다고 믿습니다. 동물원에 놀러간 사람들은 울타리가 사람을 잡아먹는 호랑이에게서 안전하게 지켜줄 것이라고 신뢰합니다! 사람들이 무언가를 신뢰하는 또 다른 예들을 생각해 보라고 하십시오.

자신이 누구를 신뢰하는지 깊이 생각해 보는 일은 중요합니다. 성경이 말하는 하나님은 끊임없이 자신이 신뢰할 만하다는 것을 자기 백성에게 보이십니다. 아이들에게 (돈, 힘, 심지어 가족과 같은) 거짓 신들을 신뢰할 만하다고 생각하는지 물어보십시오.

십계명의 하나님을 신뢰한다는 것이 각자에게 어떤 의미인지를 아이들이 분명하게 표현할 수 있도록 도와주십시오.

암송 활동

아이들에게 암송 구절이나 교리문답의 질문에서 다양한 부분을 몸으로 표현해 보라고 하십시오. 암송 구절을 말하면서 아이들이 함께 행동으로 표현해 보도록 하십시오.

마치는 기도

거짓 우상을 섬기거나 신뢰하고 있다고 느낀다면 하나님께 용서를 구하라고 아이들을 독려하십시오.

문10

하나님은 넷째 계명과 다섯째 계명에서 무엇을 명하십니까?

답

하나님은 넷째 계명에서
안식일에 예배를 드리라고 명하셨습니다.
다섯째 계명에서는
부모님을 사랑하고 공경하라고 명하셨습니다.

핵심 개념
하나님은 자신의 본질과 창조 질서에 일치하는 삶의 방식과 관계를 명하셨다.

암송 구절
"너희 각 사람은 부모를 경외하고 나의 안식일을 지키라 나는 너희의 하나님 여호와이니라"(레 19:3).

목적
하나님이 계명을 명하신 것은 자기 백성의 유익을 위해서라는 사실을 아이들이 이해하도록 돕는다.

핵심 덕목
기쁨

성경 본문
출애굽기 20장 1-17절

Notes

기억하십시오

십계명을 공부하면서 아이들은 그 명령에 나타난 하나님의 성품과 본질을 계속 만나게 됩니다. 아이들은 안식일이라는 개념에 익숙할 것입니다. 그러나 이 안식일을 단지 휴일로만 여길지도 모릅니다. 아이들의 가족이 안식일을 그렇게 지내기 때문입니다. 또한 아이들은 그리스도인의 삶에서 안식일이라는 것이 각자에게 어떤 목적을 지니고 있는지 잘 알지 못할 수도 있습니다. 안식일을 교회에 가는 날로만 한정해서 이해할지도 모릅니다. 이번 문답에서는 하나님이 자기 자녀에게 선한 것이 무엇인지 잘 아신다는 것을 아이들이 기억하도록 도와줄 것입니다. 하나님은 자기 자녀의 유익과 자신의 영광을 위해 실천해야 할 사항을 명령에 포함시키셨습니다.

또한 아이들은 사랑하는 하늘 아버지와 맺은 관계에서 누리는 기쁨에 비추어 자기 부모를 공경하는 것이 어떤 것인지 생각해 보는 시간을 가질 것입니다. 이번 문답의 목적은 이 두 계명이 각자에게 어떤 영향을 주는지 진지하게 생각해 보도록 돕는 것입니다.

수업을 계획하고 가르칠 때 기억할 것들

- 계명에 순종하는 것은 하나님을 영화롭게 하는 길이며, 하나님께 호의를 얻기 위해서가 아니라 그분의 은혜에 반응하는 것임을 아이들이 분명하게 이해해야 합니다.
- 이 사회는 일반적으로 안식일을 지켜야 한다는 의식이 부족하다는 것을 생각해 보고, 아이든 어른이든 안식일을 지키지 못하게 하는 압박이 많다는 것을 깨닫도록 돕는 것이 중요합니다.
- 인도자는 자신이 정한 시간 계획에 맞추어 이 문답에 있는 활동을 섞거나 수정할 수 있습니다(학습 계획을 예시한 13쪽을 참조하십시오). 그 요소들을 모두 할 시간이 없을지도 모릅니다. 여러분이 가르치는 아이들의 강점과 약점에 따라 각 활동을 자유롭게 응용하십시오.

기도하십시오

은혜로우신 하나님, 하나님이 명하신 계명 안에서 기쁨을 찾도록 도와주십시오. 하나님이 우리에게 무엇이 필요한지, 무엇이 가장 유익한지 잘 아시는 선하신 아버지이셔서 감사합니다. 우리에게 안식일을 주셔서 하나님 안에서 쉼을 누리고 새 힘을 얻을 시간을 주신 것을 감사드립니다. 아이들이 넷째 계명과 다섯째 계명을 잘 이해하게 해주십시오. 이번 시간을 통해 하나님이 선하신 하나님, 자기 백성을 잘 돌보시고자 하는 분임을 아이들이 더 깊이 이해하길 기도합니다. 예수님의 이름으로 기도합니다. 아멘.

문10 | 하나님은 넷째 계명과 다섯째 계명에서 무엇을 명하십니까?

준비하십시오

- "문10 교리문답 정리"(다운로드)
- 사탕
- 음악(재생하고 중지할 수 있어야 함)
- 포장지
- 테이프
- 유명한 부모와 그 자녀의 사진들
- "문10 깨진 코드 활동"(자료집)
- "공경"이라는 글자가 프린트된 종이, 아이 수만큼
- 매직펜

Notes

교리문답 정리

선물 넘기기 놀이를 준비하십시오. 다양한 사탕을 열 겹으로 싸십시오. 문1부터 9까지 적힌 "문10 교리문답 정리"(다운로드)를 프린트하여 자릅니다. 이것을 사탕을 싼 열 겹의 종이 사이에 작은 사탕 조각과 함께 넣으십시오.

아이들에게 "선물 넘기기 놀이"를 할 것이라고 말해 주십시오. 이 놀이는 음악이 흐르는 동안 선물을 옆 사람에게 넘기다가 음악이 멈추면 넘기기도 멈추는 것입니다. 음악이 멈추는 순간 선물을 들고 있는 아이는 포장을 한 장 벗겨 내어 사탕과 질문지를 꺼냅니다. 그 질문에 맞는 답을 말해야 사탕을 얻을 수 있습니다(사탕은 부모에게 허락을 받아야만 먹을 수 있습니다). 질문에 대답하지 못하면, 다른 사람이 대답할 기회를 얻고 사탕도 받을 수 있습니다. 그러고 나서 음악이 다시 시작됩니다. 모든 포장을 다 벗겨야 놀이가 끝납니다.

문10 소개

유명한 부모와 그 자녀의 사진을 찾으십시오. 아이들에게 가장 친숙한 인물은 아마 만화 영화나 텔레비전 프로그램에서 찾을 수 있을 것입니다. 예를 들면 이런 인물들입니다.

- 벨과 모리스(「미녀와 야수」)
- 말린과 니모(「니모를 찾아서」)
- 아그나르 왕과 엘사(「겨울왕국」)
- 페피 왕과 파피 공주(「트롤」)
- 데이브 세빌과 앨빈(「앨빈과 슈퍼밴드」)
- 무파사와 심바(「라이온 킹」)
- 엘라스티걸과 인비저걸(바이올렛 파)(「인크레더블스」)
- 파파 베어와 시스터 베어(「베렌스타인 베어스」)

준비한 자녀들의 사진을 바닥에 아무렇게나 늘어놓으십시오. 아이들에게 부모의 사진을 한 장씩 나눠 주고 바닥에 놓인 사진에서 그

Notes

부모의 자녀에 해당하는 사진을 찾으라고 하십시오.

이번 문답에서는 하나님이 아이와 부모 사이에 바라시는 관계를 살펴볼 것입니다. 문10을 읽어 주십시오. "하나님은 넷째 계명과 다섯째 계명에서 무엇을 명하십니까?" 이번 시간에는 넷째 계명과 다섯째 계명에 초점을 맞추어 십계명이 무엇을 가르치는지 계속 생각해 볼 것입니다.

아이들에게 아빠와 엄마를 공경하는 것이 무슨 뜻이라고 생각하는지 물어보십시오. 부모를 공경하는 일이 쉽다고 생각하는지, 어렵다고 생각하는지 물어보십시오.

활동

"문10 깨진 코드 활동"(자료집)을 아이들에게 한 장씩 나눠 주십시오.

아이들에게 그 문장이 무엇을 말하는지 알아내게 하십시오. 정해진 시간 안에 알아내야 합니다. 답은 다음과 같습니다.

1. 안식일에는 하나님을 예배하며 보낸다.

2. 부모님을 사랑하고 공경한다.

아이들이 코드를 풀면, 이번 시간에는 서로 다른 두 영역에 초점을 맞출 것이라고 설명해 주십시오. 안식일에 쉬는 것과 부모를 공경하는 것입니다. 수업을 시작하면서 아이들 중에 첫째 계명부터 다섯째 계명까지 모두 외우는 아이가 있는지 확인해 보십시오.

수업 개요

수업을 시작하면서 하나님께 도움을 구하십시오. 자신이 이번 문답을 신실하게 가르치게 해달라고, 아이들이 잘 듣게 해달라고 간구하십시오.

이 세상에서 자신을 가장 잘 아는 사람이 누구인지 아이들에게 물어보십시오. 바라는 것은 아이들이 자신을 가장 잘 아는 사람이 부모님이라고 대답하는 것입니다. 부모는 자녀에 관해 어떤 것을 알고 있다고 생각하는지 몇몇 아이에게 물어보십시오. 예를 들면 다음과 같습니다.

- 자녀가 어떤 샌드위치를 좋아하는지
- 자녀가 언제 행복한지, 언제 슬픈지, 언제 불안한지
- 자녀가 즐겨 보는 텔레비전 프로그램이 무엇인지
- 자녀가 얼마나 자야 하는지

문10 | 하나님은 넷째 계명과 다섯째 계명에서 무엇을 명하십니까?

- 자녀가 아플 때 어떻게 해야 낫는지

일반적으로 부모는 자기 자녀를 잘 알고 잘 이해합니다. 부모는 자녀에게 무엇이 유익한지, 자녀를 어떻게 해야 잘 돌보는지 알고 있습니다. 아이들에게 하늘 아버지이신 하나님을 어떻게 생각하는지 물어보십시오. 하나님도 자기 자녀를 어떻게 해야 잘 돌보는지 알고 계십니다. 아이들에게 하나님은 자기 자녀에게 무엇이 유익한지를 알고 계시다고 생각하는지 물어보십시오.

하나님은 당연히 잘 알고 계시다고 아이들에게 확신시키십시오! 사실 하나님은 다른 누구보다 그것을 잘 알고 계십니다. 그러나 그분은 이 땅에 있는 가족에게 자녀를 맡기셔서 돌보게 하셨습니다. 하나님의 명령대로 실천할 때 우리가 잘 자랄 수 있도록, 하나님은 부모와 자녀의 관계라는 원칙을 세우셨습니다. 그리고 인간이 잘 지내도록 하나님이 세우신 또 다른 원칙이 바로 안식일입니다.

출애굽기 20장 1-17절을 읽으십시오. 아이들이 말씀을 함께 읽을 수 있도록 성경을 준비하십시오.

아이들에게 안식일이 무엇인지, 또는 무슨 뜻인지 아느냐고 물어보십시오. 안식일은 하나님이 예배하고 쉬도록 따로 정하신 날입니다. 모세가 살던 시대부터 예수님이 살던 시대까지 유대인들은 토요일을 안식일로 지켰습니다. 그러나 그리스도께서 일요일에 죽은 자들 가운데서 살아나신 후로 예수님을 따르는 자들은 그 날을 안식일로 여기기 시작했습니다. 성경 말씀을 보면 하나님은 사람들에게 엿새 동안 일하고 나서 일곱째 날에 안식하라고 선포하셨습니다.

아이들에게 창조 사역 방식을 돌이켜 보며 안식일과 연결하여 생각해 보라고 하십시오. 하나님은 엿새 동안 일하시고 나서 일곱째 날에 안식하셨습니다. 안식일은 침대에 누워 있거나 쇼핑몰에 가는 날이 아닙니다! 그보다는 그리스도인들이 하나님 안에서 쉬고 그분을 기뻐하며 예배하고 하나님의 자녀가 모인 곳에서 함께 즐거워하는 데 더 많은 시간을 보낼 수 있는 날입니다.

하나님이 넷째 계명에서 사람들에게 **기억하라**고 표현하신 점을 아이들에게 강조하십시오. **기억하라**는 단어가 십계명에 포함된 이유가 무엇이라고 생각하는지 물어보십시오. 사람들은 하나님께 집중하며 쉼을 누리는 시간을 곧잘 잊어버립니다. 안식일을 지켜 쉼을 누리는 원칙을 어떻게 생각하는지 아이들에게 물어보십시오. 하나님이 십계명 가운데 이 계명을 만드신 이유를 생각해 보라고 하십시오 (분명 매우 중요할 것입니다!).

창조주이신 하나님은 그분이 창조하신 피조물과 자신의 자녀에게 가장 유익한 것이 무엇인지 아십니다. 그분은 일과 안식이 삶에 아주 좋은 형태로 모두 포함되어 있다는 것을 아십니다. 또한 하나님은 사람들에게 육체적인 휴식뿐 아니라 영적인 쉼도 얼마나 중요한지 잘 알고 계십니다.

> Notes

Notes

영적인 쉼은 성부 하나님과 성자 하나님 안에서, 성부 하나님과 성자 하나님을 통해서 누릴 수 있습니다. 주권적인 하나님을 신뢰한다는 것은 하나님이 통치하신다는 것을 알고 평안히 쉼을 누린다는 뜻입니다. 즉 온 세상이 하나님 손 안에 있는 것입니다. 또한 예수님으로 말미암아 우리와 하나님의 관계는 확증되며, 인간의 공로는 전혀 필요하지 않다는 사실을 강조하십시오. 바로 이것이 영적인 쉼을 누릴 수 있는 또 다른 중요한 이유입니다.

아이들에게 안식일을 잊고 싶은 적이 있는지 물어보십시오. 어떤 것이 아이들을 하나님과 그분의 백성에게서 떼어 놓았는지 물어보십시오. 하나님의 명령이 아이들을 도전하는지 물어보십시오. 8절을 다시 읽고, 안식일이 어떠해야 하는지, 또 그 구절이 다른 무엇을 이야기하는지 살펴보게 하십시오.

하나님은 사랑이 많으신 하늘 아버지이시며, 자기 자녀와 시간을 보내길 바라시고 오직 그 자녀들에게 가장 좋은 것만을 행하신다는 것을 아이들에게 새겨 주십시오.

다섯째 계명으로 넘어 가서 아이들에게 하나님의 아버지 사랑을 알고 경험하는 것은 아이들이 자기 부모를 공경하도록 돕는다는 것을 설명해 주십시오.

아이들에게 부모을 공경하는 것이 무엇인지 물어보십시오. 부모님을 공경하는 것이 쉬운지, 또한 일부 사람들이 부모님을 공경하고 싶어 하지 못하게 막는 것이 무엇인지 물어보십시오.

마지막으로 아이들에게 부모님이 더 나이가 드시면 그분들을 어떻게 공경해야 할지 생각해 보라고 하십시오.

십계명은 하나님의 백성에게 생명과 기쁨의 근원으로 주어졌으며, 자기 자녀에게 무엇이 필요한지 아시는 하나님이 주신 것입니다. 순종은 하나님의 놀라운 은혜에 대한 올바른 반응입니다. 이것을 아이들이 다시 한 번 기억하도록 도와주십시오.

아이들이 문10과 답을 기억하도록 도우면서 수업을 마치십시오.

이 내용은 단순히 수업 지도를 위한 것입니다. 가르치는 아이들과 상황에 따라 이 내용을 확장하거나 수정하십시오. 여러분의 말로 여러분의 이야기를 쓰십시오. 그리고 아이들에게 적절하게 응용할 만한 예화나 적용을 추가하십시오.

 활동

아이들에게 "공경"이라는 글자가 세로로 크게 적힌 종이를 프린트하여 한 장씩 나누어 주십시오.

"공경"이라는 글자가 적힌 종이로 부모님을 공경하는 것이 무슨 뜻일지 아이들이 생각해 보도록 도와주십시오. 예를 들면,

문10 | 하나님은 넷째 계명과 다섯째 계명에서 무엇을 명하십니까?

Notes

공 공손히 받는 마음으로 부모님을 섬기고 돕는다.
경 경청하며 부모님의 말씀을 잘 따른다.

부모님을 어떻게 공경할 수 있을지를 종이에 써 보라고 하십시오. 자신이 해야 할 것과 하지 않을 것 모두 적을 수 있습니다.

5. 토론과 질문

아이들은 다음과 같은 질문을 할 수도 있습니다.

? 제가 속한 운동 팀이 일요일에 경기를 해서 교회에 가지 못한다면 어떻게 되나요?

하나님은 자기 백성을 사랑하시기 때문에 그들에게 유익한 것을 명령하셨습니다. 그리스도인은 예배를 드리지 못하게 하는 일에 참여하는 데 신중해야 합니다. 이런 상황에 처하면, 부모님과 그 상황에 대해 이야기를 나누고, 부모님이 어떻게 결정하시든 공경하여 다섯째 계명을 실천해야 합니다.

? 부모님이 나빠도 공경해야 하나요?

(인도자들은 94쪽에 있는 "인도자에게 주는 글"을 읽고, 각자 상황에 맞춰 이 문제를 설명하십시오.)

? 예수님을 믿지 않는 부모님은 어떤가요? 그분들도 공경해야 하나요?

하나님은 우리에게 부모님이 공경받을 만한지에 따라 부모님을 공경하라고 명하지 않으십니다. 때로는 부모님을 공경하는 것이 어렵다는 것을 인정하십시오. 특히 부모님이 복음을 거스른다면 더욱 그렇습니다. 우리는 그런 부모에게 공손하게 행하라는 누군가의 말에 반드시 동의해야 하는 것은 아닙니다.

다음 질문을 통해 아이들이 자신의 삶을, 그리고 이 교리문답이 각자에게 어떻게 영향을 줄지를 생각하도록 도와주십시오.

- 부모님에게 곧잘 반항하는 영역이 무엇인가요? 또래 집단이 주는 압박이 이러한 영역에 얼마나 영향을 끼치나요?
- 부모님을 공경하게 도와달라고 꾸준히 하나님께 간구해 본 적이 있나요?
- 안식일에 하나님께 초점을 맞추어 더 많은 시간을 보내는 것이 어떤 것일까요?
- 단조롭거나 지루하지 않게 하나님께 초점을 맞추는 방법은 무엇일까요? (아이들이 자유롭게 이야기하도록 지도합니다.)

Notes

인도자에게 주는 글 _브렌트 바운즈 박사

이 커리큘럼을 배우는 아이들의 연령대와 구성원의 특징을 고려할 때, 아이가 비정상적이고 폭력적인 상황에 있다는 것을 인도자가 알지 못하거나 아이가 이 계명에 맞춰 질문하면서 그 사실을 밝히지 않는다고 아이에게 가정에서 학대받는지를 물어 볼 필요는 없을 것 같다.

하나님은 하나님의 백성이 그분께 속했으며 그분을 따른다는 전제 아래 십계명을 주셨다. 이 계명은 하나님을 따르기로 한 믿는 부모의 자녀들과 어른들에게 주어진 것이라고 가정하는 것이 안전하다. 그러나 인도자들은 부모가 비그리스도인이고, 때로는 부모에게 학대당하는 아이들을 만날 수도 있다. 그러한 상황에서는 지혜롭고 분별력 있게 설명해야 한다.

보통은 더 많은 정보와 맥락을 알기 위한 질문과 함께 아이의 질문에 대답하며 시작하는 것이 가장 좋다. 이러한 시작은 인도자가 아이에게 성급하게 대답하기 전에 아이가 **진짜** 묻고 싶은 것이 무엇인지를 더 깊이 이해하도록 도와준다. 대답의 초점은 **공경**이라는 단어의 의미에 맞춰져야 한다. 순종은 부모와 자녀의 건강한 관계에 반드시 필요하지만, 이 계명은 **순종**이라는 단어를 사용하지 않았다. 이 계명이 요구하는 덕목은 존경, 자부심, 존중이다. 이것은 마치 하나님께 굴복하지 않는 위정자에게 지배받는 사람들에게 주신 가르침(롬 13:1-7)과 비슷하다. 우리는 모든 권위자를 존경하고 공경해야 한다. 그러나 그들이 하나님께 불순종할 것을 요구한다면, 우리도 그들에게 순종하지 않아도 된다. 이러한 예를 가장 잘 보여 주는 인물이 바로 다니엘이다(단 6장). 다니엘은 다리오 왕이 내린 칙령을 알면서도 집으로 가서 예루살렘으로 난 창을 열어 놓고 계속 기도했다. 다니엘은 왕의 권위에 기초하여 다리오 왕을 공경하고 존경했지만, 그가 순종한 것은 하나님의 권위였다.

아이들(과 어른들)은 부모를 존경하고 공경하라는 명령을 받았다. 하나님은 자신의 주권으로 특정한 가족 안에 그들을 두셨기 때문이다. 그러나 성경은 도둑질을 하거나, 정직하지 않거나, 부적절하고 불결한 행동을 저지르는 등 부모가 하나님의 가르침을 거스르라고 요구할 때에도 순종하라고 명령한 것이 아니다. 우리가 부모의 부적절한 요구에 순응하지 않을 때 하나님이 그런 부모에게 유죄 판결을 내리시기 위해 사랑스럽고 공손하며 공경하는 반응을 어떻게 사용하실지 우리는 결코 알지 못한다.

문10 | 하나님은 넷째 계명과 다섯째 계명에서 무엇을 명하십니까?

Notes

덕목 찾기
기쁨

하나님은 자신이 명하신 계명을 자기 백성에게 기쁨의 근원이 되도록 계획하셨다는 사실을 아이들에게 새겨 주십시오. 그 계명은 지켜야 할 법칙이 아닙니다!

참된 기쁨이란 무엇인지 곰곰이 생각해 보도록 도와주십시오. 세상에서 기쁨을 가져 온다고 생각하는 것이 무엇인지 생각해 보게 하십시오. 그리고 하나님의 자녀로 사는 삶에서 오는 기쁨과 비교해 보라고 하십시오.

문5 활동에서 만든 "기쁨 격자판"을 떠올려 보라고 하십시오. 그러고 나서 잠언 15장 13절을 함께 읽으십시오. "마음의 즐거움은 얼굴을 빛나게 하여도 마음의 근심은 심령을 상하게 하느니라." 찡그린 얼굴과 미소 짓는 얼굴을 동시에 보여 줄 수는 없습니다. 그렇게 생각하지 않는 아이가 있다면, 한 번에 두 표정을 모두 지어 보라고 하십시오!

아이들을 두 팀으로 나누십시오. 한 팀은 누군가가 기쁨 없이 넷째 계명에 순종하는 연기를 해보고, 이어서 기쁨으로 넷째 계명을 순종하는 것을 보여 주는 연기로 바꾸어 보게 하십시오. 또 한 팀은 기쁨 없이 다섯째 계명을 순종하는 연기를 해보고, 다음에는 기쁨으로 순종하는 연기를 하게 하십시오. 모든 연기는 계명에 순종했다는 것을 아이들에게 알려 주십시오. 그리고 아이들에게 어느 순종이 더 좋은지 물어보십시오.

암송 활동

암송 구절이나 교리문답의 답을 프린트하고, 단어별로 종이를 자르십시오. 그 종이를 다시 가로 방향으로 반으로 자르십시오. 교실 곳곳에 반쪽을 숨기십시오. 그러고 나서 아이들에게 나머지 반쪽을 나눠 주십시오(아이 수가 적다면 한 장 이상씩 나눠 주십시오). 아이들은 자기가 가진 종이에 맞는 짝만 찾아야 합니다. 모든 아이가 반쪽을 찾으면, 함께 순서대로 단어를 나열하고 암송 구절이나 교리문답의 답을 소리 내어 읽으십시오.

마치는 기도

자기 백성에게 기쁨을 주기 위해 계명을 만들어 주시고 자녀를 돌보시는 하나님께 감사드리며 수업을 마치십시오. 아이들이 "안식일을 기억하고" 시간을 따로 떼어 놓아 하나님의 백성과 함께 찬양과 경배를 드리는 데서 늘 놀라운 기쁨을 찾게 해달라고 기도하십시오.

아이들이 부모님께 감사하고 늘 부모님을 공경하게 해달라고 간구하게 하십시오.

인도자 가이드 1

성부 하나님
창조와 타락
율법

문11

하나님은 여섯째 계명, 일곱째 계명, 여덟째 계명에서 무엇을 명하십니까?

답

**하나님은 여섯째 계명에서
이웃을 해하거나 미워하지 말라고 명하셨습니다.
일곱째 계명에서는 정결하고 신실하게 살라고 명하셨습니다.
여덟째 계명에서는 다른 사람의 소유물을 허락 없이
가져가지 말라고 명하셨습니다.**

핵심 개념
십계명의 핵심은 하나님을 사랑하고 이웃을 사랑하는 것이다.

목적
하나님 명령에 순종하는 것은 하나님을 사랑하고 이웃을 사랑하는 것임을 아이들이 이해하도록 돕는다.

성경 본문
로마서 13장 8-10절

암송 구절
"간음하지 말라, 살인하지 말라, 도둑질하지 말라, 탐내지 말라 한 것과 그 외에 다른 계명이 있을지라도 네 이웃을 네 자신과 같이 사랑하라 하신 그 말씀 가운데 다 들었느니라"(롬 13:9).

핵심 덕목
정직

Notes

기억하십시오

이 시대는 점점 이기적이고 자기중심적으로 변해 가고 있습니다. 공동체라는 개념은 무너져가고, 사람들은 대체로 개인주의적인 삶을 살아가고 있습니다. 하나님은 사랑의 하나님이며, 자신이 만드신 세상에 그 사랑이 나타나길 바라십니다. 이번 문답은 여섯째 계명, 일곱째 계명, 여덟째 계명의 맥락에서 급진적으로 사랑하는 것이 무엇인지를 아이들이 생각하도록 도울 것입니다. 이번 문답의 목적은 하나님의 명령에 순종하여 아이들이 이웃을 어떻게 나 자신같이 사랑할 수 있는지를 이해하도록 돕는 것입니다. 아이들이 하나님의 계명에 비추어 자기 마음을 살피고, 그 계명들은 외적으로든 내적으로든 깨질 수 있다는 사실을 기억하도록 독려하십시오.

수업을 계획하고 가르칠 때 기억할 것들

- 하나님의 계명에 순종하는 것은 그분이 베푸신 은혜에 대한 반응이며 하나님을 영화롭게 하는 아름다운 길이라는 사실을 전하는 데 주의하십시오.
- 어떤 아이들은 제멋대로 행동하는 것을 즐겨 해서 하나님의 계명을 깨뜨리는 방법을 다양하게 알고 있다는 사실에 주목해야 합니다. 그 아이들에게 죄책감을 불러일으키기보다는 예수님께 집중할 수 있도록 주의하십시오.
- 급진적이고 이타적인 사랑을 보이고 싶은 갈망을 키우도록 아이들을 독려하십시오.
- 인도자는 자신이 정한 시간 계획에 맞추어 이 문답에 있는 활동을 섞거나 수정할 수 있습니다(학습 계획을 예시한 13쪽을 참조하십시오). 그 요소들을 모두 할 시간이 없을지도 모릅니다. 여러분이 가르치는 아이들의 강점과 약점에 따라 각 활동을 자유롭게 응용하십시오.

간음이라는 주제를 둘러싸고 일어날 만한 대화를 어떻게 이끌어야 할지 도움이 필요하다면, 99쪽에 있는 "인도자에게 주는 글"을 읽으십시오.

기도하십시오

사랑하는 하나님, 다른 사람을 먼저 생각하며 살 수 있도록 도와주십시오. 제가 속한 공동체에서 다른 사람들에게 급진적인 사랑을 베풀도록 도와주십시오. 아이들이 이번 문답을 이해하게 해주시고, 하나님이 만드신 세상에서 하나님의 사랑을 전하는 위대한 전달자가 되게 해주십시오. 예수님의 이름으로 기도합니다. 아멘.

문11 | 하나님은 여섯째 계명, 일곱째 계명, 여덟째 계명에서 무엇을 명하십니까?

준비하십시오

- 탁구공
- 가방이나 상자
- 최근의 기사가 실린 신문
- 하트 모양으로 자른 빨간색 판지, 한 아이 당 두 장씩
- 버리는 캔
- 사인펜이나 색연필, 크레파스
- 흰 종이
- "문11 어리스은 이야기"(자료집) 한 장
- 포스터 보드
- 고무공

Notes

인도자에게 주는 글 _브렌트 바운즈 박사

아이들에게 간음을 설명할 때는 남편, 아내, 결혼이라는 용어를 사용하길 권합니다. 초등학교 고학년 아이들은 이러한 개념에 관한 용어나 성관계에 대해 더 많이 알고 있을지도 모릅니다. 그러나 아이들의 부모님이 동석하지 않은 교회학교나 교실은 아마도 간음을 자세히 다루기에 적절한 환경이 아닐 것입니다. **성욕**이나 **불순한 생각**이라는 단어조차도 저학년 아이들은 잘 이해하지 못하고 혼란스러워 할 수 있습니다. 이전 문답에서 사용한 **공경**이라는 용어와 이번 문답에서 배울 "감사히 여기는 마음"이라는 개념을 조합한다면, 완벽한 수업이 될 것입니다. 하나님이 우리에게 주신 것을 감사히 여긴다면, 우리보다 많이 가진 사람을 보더라도 우리는 그들과 공경하고 존중하는 관계를 맺을 수 있습니다. 이것은 결혼생활에서 하나님이 우리에게 허락하신 배우자를 감사히 여기는 것과 같습니다. 친절하고 섬기는 행위로 배우자를 사랑하고, 다른 관계와 전혀 다른 특별한 결혼 관계를 지키며 배우자를 존중하는 것입니다.

한 아이가 간음에 대해, 보통은 성관계에 대해 더 자세한 대답이 필요한 질문을 한다면, 매우 좋은 질문이라고 칭찬하고 그런 질문을 해줘서 기쁘다는 반응을 보이는 것이 가장 좋습니다. 그 아이에게는 그 질문에 관해 부모님과 이야기를 나누어야 한다고 설명해 주십시오. 또는 아이에게 대답해 주기 전에 먼저 그 질문에 대해 인도자가 아이의 부모님과 이야기하는 것이 좋을 것이라고 설명하십시오. 이러한 반응은 질문한 아이를 부끄럽게 만들지 않으며, 아이가 부모님의 조언을 존중하고 주로 부모님과 함께 이 주제에 대해 대화하도록 독려해 줍니다.

Notes

교리문답 정리

탁구공 위에 이미 가르친 질문들의 번호를 적고, 가방이나 상자에 넣으십시오. 여유가 된다면, 케이지 빙고나 빙고 블로워를 구입하거나 직접 만드십시오. 더 재미있을 것입니다.

아이들을 몇 팀으로 나누고, 앞서 배운 교리문답의 질문들을 잘 기억하도록 도와줄 퀴즈를 낼 것이라고 설명하십시오. 각 팀은 상대 팀을 위해 번호가 적힌 탁구공을 꺼냅니다. 그러면 상대 팀은 자기 팀이 걸린 번호에 해당하는 질문과 암송 구절을 기억해 내야 합니다. 그 번호와 관련된 모든 요소(질문, 답, 암송 구절)를 기억해 내는 팀은 9점을 얻습니다. 그러지 못한 팀은 한 요소 당 3점을 얻습니다. 마지막에 가장 많은 점수를 얻은 팀이 우승합니다. 기억하십시오. 이 활동의 목적은 함께 참여하여 즐거운 시간을 보내는 것입니다.

문11 소개

여섯째 계명, 일곱째 계명, 여덟째 계명이 다루는 주제가 부각된 신문 기사 몇 개를 모으십시오.

먼저 아이들에게 오늘날 이 사회에서 사람들이 서로를 어떻게 대하는지 그 실상을 보여 주십시오. 서로 해치고, 서로의 것을 훔치고, 자기 것이 아닌데도 탐내는 사람들에 초점을 맞춘 최근 기사들을 강조하십시오. 오늘날 이 세상을 살아가는 이러한 사람들 사이에는 사랑이 부족하다는 것을 명백하게 증명하는 기사를 지혜롭게 고르십시오.

문11을 읽어 주십시오. "하나님은 여섯째 계명, 일곱째 계명, 여덟째 계명에서 무엇을 명하십니까?" 이 계명들은 하나님의 백성이 다른 사람들과 어떻게 관계를 맺어야 하는지에 초점이 맞춰져 있다고 설명해 주십시오. 그 사람들은 날마다 함께 살아가고 마주치는 우리의 이웃입니다. 이 계명들(도둑질, 살인, 간음)의 바탕에는 우리에게 속하지 않은 것이나 하나님이 우리에게 주시지 않은 것을 원하는 마음이 깔려 있습니다.

이러한 갈망은 감사하지 않는 마음에서 비롯됩니다. 도둑질은 자기 것이 아닌 것을 가져가는 것입니다. 누군가를 미워하거나 살인하는 것은 마음속 깊은 분노에서 비롯됩니다. 그 분노는 다른 사람의 소유나 지위를 향한 시기나, 내게 중요한 것이 위협받고 있다는 두려움에 근거합니다. 간음은 하나님이 나에게 허락하시지 않은 누군가를 원하는 것입니다. 하나님이 허락하신 배우자를 감사히 여기지 않고 다른 사람과 관계를 맺고 싶을 때 이러한 결과를 낳게 됩니다.

사람들이 자신에게 정당하게 속하지 않은

문11 | 하나님은 여섯째 계명, 일곱째 계명, 여덟째 계명에서 무엇을 명하십니까?

Notes

것을 원하지 않고 다른 사람을 사랑하는 데 더 관심을 기울인다면, 이 세상이 어떻게 달라질 지 생각해 보라고 하십시오.

활동

아이들과 함께 뉴스 기사를 읽으면서 사람들이 하나님의 계명을 깨뜨리고 이웃을 자신처럼 사랑하지 못하는 다양한 모습을 생각해 보기는 쉽습니다. 그러나 이번 문답을 시작할 때는 아이들에게 자신의 마음을 살펴보도록 독려하는 것이 더 적절합니다.

아이들에게 마태복음 5장에 나오는 산상수훈을 들려주십시오. 예수님은 아무도 알지 못할지라도 우리가 마음속으로 하나님의 율법을 깨뜨릴 수 있다고 분명하게 말씀하셨습니다.

아이들에게 누군가를 미워한다고 말한 적이 있는지, 또는 다른 사람에 대해 나쁜 생각을 품은 적이 있는지 물어보십시오. 예수님은 다른 사람을 미워하는 것은 마음속으로 그 사람을 죽이는 것과 같다고 가르치셨습니다. 다른 사람을 해칠 만한 일을 상상한다면, 우리는 죄를 범하는 것입니다. 생각한 것을 결코 행동으로 옮기지 않았을지라도 말입니다. 우리는 신문에 나오는 사람들처럼 심각한 범죄를 저지르지는 않을지 몰라도, 모두 마음속으로 죄를 범합니다.

아이들에게 하트 모양의 종이를 한 장씩 나누어 주십시오. 그 종이를 절반으로 접으라고 하십시오. 그리고 한 번 접고 나면 누구도 그 안에 무엇이 있는지 볼 수 없다고 알려 주십시오. 이것이 바로 우리 마음에 대한 진실입니다. 하나님 말고는 누구도 우리 마음속을 알 수 없습니다.

아이들에게 하트 모양 종이 안쪽에 기도를 적으라고 하십시오. 아이들은 자신이 품은 미움이나 악한 생각은 무엇이든 하나님께 고백할 수 있습니다. 그리고 하나님께 그 죄들을 용서해 달라고 간구할 수 있습니다. 예수님이 십자가에서 그 죗값을 다 치르셨기 때문입니다.

아이들이 고백하는 기도문을 다 적고 나면, 종이를 잘게 찢어서 쓰레기통에 버리라고 하십시오. 이것은 우리가 우리 죄를 고백하면, 하나님은 신실하셔서 우리를 용서하신다는 사실을 새겨 줍니다. 아이들이 하트 종이에 적은 죄는 아무도 읽을 수 없습니다. 그리고 우리는 하나님이 그분만이 아시는 죄까지도 용서해 주신 것을 감사드릴 수 있습니다.

Notes

수업 개요

수업을 시작하면서 하나님께 도움을 구하십시오. 자신이 이번 문답을 신실하게 가르치게 해달라고, 아이들이 잘 듣게 해달라고 간구하십시오.

아이들에게 이 세상은 사랑을 어떻게 정의하는지 물어보십시오. 종종 세상은 사랑을 순전히 연애 감정으로만 생각합니다. 하나님은 자기 백성이 다른 사람들에게 급진적인 사랑을 보여 주는 방식으로 살아가길 진정으로 바라십니다.

연애 감정으로 여겨지는 사랑은 "사랑에 빠지다"라는 개념을 강조합니다. 그것은 그냥 일어나는 일입니다. 반대로 하나님이 자기 백성이 서로에게 보여 주길 바라시는 사랑은 그렇게 하기로 **결심해야** 가능합니다.

로마서 13장 8-10절을 읽으십시오. 아이들이 말씀을 함께 읽을 수 있도록 성경을 준비하십시오.

아이들에게 바울을 소개해 주십시오. 로마서는 바울이 로마 지역에 있는 그리스도인들에게 쓴 편지입니다. 바울의 편지는 1세기 로마의 그리스도인들에게 그랬듯이 지금 우리에게도 적용할 수 있는 내용을 담고 있습니다. 같이 읽은 부분에서 바울은 그리스도인들이 어떻게 살아야 하는지를 설명하고 있습니다. 그는 그리스도인들에게 여섯째 계명, 일곱째 계명, 여덟째 계명을 언급하면서 하나님을 영화롭게 하며 산다는 것은 그 계명들을 지키는 것을 뜻한다고 강조합니다. 그리스도인들은 다른 사람을 미워하거나 해쳐서는 안 됩니다. 하나님이 그들에게 허락하신 가족을 사랑해야 합니다. 다른 사람의 것을 훔치는 것뿐 아니라 그것을 탐내서도 안 됩니다.

바울은 그리스도인들이 다른 그리스도인들은 물론이고 그리스도를 따르지 않는 사람들과도 어떻게 살기를 바랐는지 아이들에게 설명하십시오.

아이들에게 9절을 읽어 보라고 하십시오. 그리고 그 구절이 말하는 사랑은 어떤 모습인지 살펴보라고 하십시오. 말로 표현하지 않는 사랑입니까? 아니면 열의가 없는 사랑입니까? 아닙니다! 이 구절은 자기 자신을 사랑하듯이 다른 사람을 사랑하라고 명하고 있습니다. 그것이 무슨 의미라고 생각하는지 아이들에게 물어보십시오.

하나님의 백성은 누가 되었든 늘 그 사람의 안전과 건강, 안심, 존중을 염려합니다. 일상생활에서 그것이 어떤 모양으로 나타날지 생각해 보라고 하십시오. 하나님은 사람들에게 다른 사람을 해치지 말고, 자기 것이 아닌 것은 탐내지 말며, 다른 사람 것을 도둑질하지 말라고 분명하게 명하십니다. 이러한 죄들을 피하는 것이 사람들을 바르게 사랑하는 또 다른 방법입니다.

아이들에게 이 수업을 시작하면서 한 활동을 다시 떠올려 보라고 하십시오. 그리고 끊임없이 자기 마음을 살펴야 한다는 것을 알 수 있도록 도와주십시오. 아이들이 마주하는 유

문11 | 하나님은 여섯째 계명, 일곱째 계명, 여덟째 계명에서 무엇을 명하십니까?

Notes

혹에 얼마나 정직한지, 미움이나 시기, 자기 것이 아닌 것에 대한 탐욕을 마음속에 숨기고 있지는 않은지 살펴볼 수 있도록 도와주십시오. 우리가 율법을 범한 것에 대해 예수님이 처벌을 받으셨음을 아이들에게 알려 주십시오. 또한 그 은혜에 대한 반응으로 하나님을 영화롭게 할 수 있도록 아이들이 하나님의 율법을 지키는 데 관심을 기울이게 독려하십시오.

아이들이 문11과 답을 기억하도록 도우면서 수업을 마치십시오.

이 내용은 단순히 수업 지도를 위한 것입니다. 가르치는 아이들과 상황에 따라 이 내용을 확장하거나 수정하십시오. 여러분의 말로 여러분의 이야기를 쓰십시오. 그리고 아이들에게 적절하게 응용할 만한 예화나 적용을 추가하십시오.

활동

아이들에게 흰 종이를 한 장씩 나눠 주십시오. 사람들이 이웃을 돕는 모습을 그려 보라고 하십시오. 더불어 여섯째 계명, 일곱째 계명, 여덟째 계명이 이웃을 사랑하는 것에 관한 계명임을 아이들이 기억할 수 있도록 그림 어딘가에 숫자 6, 7, 8을 숨기거나 넣어 보라고 하십시오. 다 그리고 나면 아이들에게 서로 그림을 바꿔서 다른 아이의 그림 속에 있는 숫자들을 찾아보라고 하십시오.

토론과 질문

아이들은 다음과 같은 질문을 할 수도 있습니다.

? **제가 마음속으로 이 계명들을 어겼다는 걸 어떻게 알 수 있나요?**

성령님의 도우심으로 우리는 자신이 율법을 어겼다는 것을 알 수 있습니다. 그래서 우리는 하나님께 자신이 마음으로 지은 죄를 보여 달라고 기도할 수 있습니다. 그 죄를 깨달았다 해도 좌절하지 마십시오. 우리는 그 죄들을 십자가로 가져 갈 수 있기 때문입니다!

? **설마 하나님이 우리에게 모든 사람을 사랑하길 기대하시는 건 아니겠죠?**

하나님은 우리가 모든 사람을 사랑하길 바라십니다! 그분은 우리에게 우리가 만나는 모든 사람을 사랑하고 돌보길 기대하십니다.

? **제가 도둑질을 했다면 어떻게 해야 하나요?**

103

Notes

가장 먼저 해야 할 일은 하나님께 잘못했다고 고백하는 것입니다. 그리고 도둑질한 물건을 돌려주든, 그 물건에 해당하는 값을 지불하든, 그 상황을 바로잡기 위해 노력해야 합니다. 도둑질했다고 사실대로 말하기란 힘들 것입니다. 그러나 하나님의 명령은 늘 우리를 선하게 인도합니다.

다음 질문을 통해 아이들이 자신의 삶을, 그리고 이 교리문답이 각자에게 어떻게 영향을 줄지를 생각하도록 도와주십시오.

- 급진적이고 이타적인 사랑을 어떻게 보여 줄 수 있을까요?
- 이 계명들을 지키는 일이 쉽다고 생각하나요? 아니면 어렵다고 생각하나요?
- 마음속에 있는 진짜 유혹을 알아볼 수 있도록 도와주십시오.

덕목 찾기

정직

아이들에게 자신만의 말로 정직을 정의해 보라고 하십시오.

우리는 잘못된 정보를 지어 내거나 어떤 상황이 요구하는 적절한 정보를 나누지 않는 식으로 거짓말을 할 수 있습니다. 아이들에게 그러한 예들을 생각해 보라고 하십시오.

정직한 것은 단지 진실을 말하는 것만을 뜻하지 않는다고 설명해 주십시오. 그것은 정직한 방식으로 사는 것뿐 아니라 율법을 지키는 것을 뜻합니다. 우리가 율법을 어긴다면, 결국 자신의 범죄를 덮기 위해 부정직해질 유혹에 빠질 수 있습니다. 정직은 진실하게 말하고 행동하는 것입니다.

아이들에게 "문11 어리석은 이야기"(자료집)의 빈칸을 채워 보라고 하십시오. 빈칸이 다 채워지기 전에는 이야기를 알려 주지 말고, 다 채운 뒤에 소리 내어 함께 읽으십시오.

이 이야기가 매우 어리석은 것처럼 들릴지 모르지만, 거짓말은 결코 끝나지 않을 수 있다는 것을 아이들에게 새겨 주십시오.

아이들이 정직하게 살도록 도와주시고 이 세상이 정직을 가치 있게 여기게 해달라는 간구로 아이들과 함께 하나님께 기도하며 수업을 마무리하십시오.

문11 | 하나님은 여섯째 계명, 일곱째 계명, 여덟째 계명에서 무엇을 명하십니까?

암송 활동

이 활동에는 고무공이 필요합니다.

아이들이 보고 *읽을* 수 있도록 포스터 보드에 암송 구절이나 교리문답의 답을 붙이십시오. 아이들을 두 팀으로 나누십시오. 아이들과 함께 큰 소리로 암송 구절이나 교리문답의 답을 몇 번 읽으십시오.

그리고 나서 아이들이 내용을 볼 수 없도록 포스터 보드를 내려놓으십시오. 팀을 두 줄로 세워, 두 팀이 서로 마주보게 한 뒤 암송 구절의 첫 단어를 말할 수 있을 것 같은 아이에게 공을 던져 주십시오. 공을 받은 아이는 암송 구절의 두 번째 단어를 말할 수 있을 만한 상대 팀 아이에게 그 공을 던져야 합니다. 단어를 기억하지 못하거나 잘못 말한 아이는 공을 던지고 자리에 앉아야 합니다. 자리에 서 있는 아이가 더 많은 팀이 마지막에 우승합니다.

마치는 기도

아이들에게 아무것도 적혀 있지 않은 두 번째 하트 모양 종이를 한 장씩 나눠 주십시오.

아이들에게 이번 문답에서 배운 내용을 떠올리며 하나님을 찬양하는 짧은 문장을 적어 보라고 하십시오. 그 기도문을 집으로 가져가서 한 주 동안 자기 마음을 살피실 뿐 아니라 우리가 죄를 고백할 때 용서하시는 하나님을 찬양하도록 독려하십시오.

Notes

인도자 가이드 1

성부 하나님
창조와 타락
율법

문12

하나님은 아홉째 계명과 열째 계명에서 무엇을 명하십니까?

답

**하나님은 아홉째 계명에서
거짓말하거나 속이지 말라고 명하셨습니다.
열째 계명에서는
다른 사람을 시기하지 말고 만족하라고 명하셨습니다.**

핵심 개념
하나님은 자기 백성이 하나님을 영화롭게 하고 세상에 그분의 성품을 드러내며 살아가길 바라신다.

암송 구절
"너희가 만일 성경에 기록된 대로 네 이웃 사랑하기를 네 몸과 같이 하라 하신 최고의 법을 지키면 잘하는 것이거니와"(약 2:8).

목적
하나님은 우리가 그분으로 만족하고 그분을 더욱 닮아가길 바라신다는 것을 아이들이 이해하도록 돕는다.

핵심 덕목
정직

성경 본문
출애굽기 20장 1-17절

Notes

기억하십시오

아이들은 아주 어릴 때부터 거짓말을 배웁니다. 인기를 얻기 위해서든 벌을 피하기 위해서든 대체로 자신에게 이익이 될 만한 것을 얻으려고 거짓말을 합니다. 이번 문답에서는 하나님은 진리를 사랑하시고 자기 백성이 진리를 말하는 자가 되길 바라신다는 것을 아이들이 이해하도록 도울 것입니다. 이것은 인간관계에 이로울 뿐 아니라 하나님의 형상을 담고 있는 그분의 백성으로서 하나님의 성품을 세상에 보여 줍니다. 아이들이 어린 나이에 배우는 또 한 가지는 다른 사람의 소유물을 탐내는 것입니다. 안타깝게도 오늘날 거대한 광고 마케팅 산업이 이러한 탐욕을 더욱 부추깁니다. 이번 문답은 하나님으로 만족하고 다른 사람이 가진 것을 탐내지 않는다는 것이 무슨 뜻인지 생각해 보도록 도울 것입니다. 이 교리문답의 질문은 아이들에게 아홉째 계명과 열째 계명을 가르쳐 줄 것입니다.

수업을 계획하고 가르칠 때 기억할 것들

- 하나님의 계명에 순종하는 것은 그분의 은혜에 반응하고 그분을 영화롭게 하는 길이라는 것을 아이들에게 새겨 주십시오.
- 인도자는 거짓말과 탐욕의 영역에서 또래 집단이 주는 압박이 아이들에게 얼마나 영향을 끼치는지 인식하십시오. 또래 집단이 아이들에게 끼치는 영향을 아이들이 이해하도록 도와주십시오.
- 인도자는 자신이 정한 시간 계획에 맞추어 이 문답에 있는 활동을 섞거나 수정할 수 있습니다(학습 계획을 예시한 13쪽을 참조하십시오). 그 요소들을 모두 할 시간이 없을지도 모릅니다. 여러분이 가르치는 아이들의 강점과 약점에 따라 각 활동을 자유롭게 응용하십시오.

기도하십시오

모든 진리의 하나님, 우리에게 하나님의 계명을 주셔서 감사합니다. 그 계명들을 통해 하나님의 은혜에 반응하여 살아갈 올바른 길을 보여 주시니 감사합니다. 제 혀를 지키고, 탐욕으로부터 제 마음을 지키도록 도와주십시오. 아이들이 이번 문답을 잘 이해하게 해주십시오. 그리고 아이들도 자기 혀와 마음을 지키게 해주십시오. 예수님의 이름으로 기도합니다. 아멘.

문12 | 하나님은 아홉째 계명과 열째 계명에서 무엇을 명하십니까?

Notes

준비하십시오
- "문12 교리문답 정리"(다운로드)
- 큰 그릇
- "양치기 소년" 이야기
- 장난감 카탈로그
- 흰 종이
- 연필
- 불지 않은 풍선 몇 개

교리문답 정리

"문12 교리문답 정리"를 프린트 한 뒤 질문별로 자르십시오. 문1부터 11까지 질문이 적힌 종이들을 큰 그릇에 넣으십시오

아이들을 두 팀으로 나누십시오. 각 팀에서 한 아이씩 앞으로 나오게 해서 다른 팀에게 줄 질문을 큰 그릇에서 뽑게 하십시오. 모든 질문에 답할 때까지 이 과정을 반복하십시오. 질문에 정확하게 답한 개수가 더 많은 팀이 마지막에 우승합니다!

문12 소개

아이들에게 "양치기 소년" 이야기를 들려주거나 읽어 주십시오.

아이들에게 거짓말을 어떻게 생각하는지 물어보십시오. 거짓말하는 것을 좋아하는지 물어보십시오. 거짓말한 적이 있는지 물어보십시오.

성경은 거짓말에 대해 경고하는 말씀이 많다는 것을 아이들에게 설명해 주십시오. 아홉째 계명은 사람들이 거짓말하는 것을 하나님이 원하지 않으신다고 분명하게 말합니다.

문12를 읽어 주십시오. "하나님은 아홉째 계명과 열째 계명에서 무엇을 명하십니까?" 문12는 거짓말의 문제와 탐욕의 의미를 생각해 보도록 도와줄 것입니다.

활동

아이들에게 몇 가지 문장을 읽어 주겠다고 말해 주십시오. 그 문장이 참이라고 생각되는 아이들은 교실 오른편으로 옮겨 갑니다. 그 문장이 거짓이라고 생각되는 아이들은 교실 왼편으로 옮겨 갑니다.

1. 9월은 31일까지 있다. (거짓)
2. 위는 아래의 반대편이다. (참)

109

Notes

3. 태양은 지구 주위를 돈다. (거짓)
4. 고양이는 목숨이 아홉 개다. (거짓)
5. 어린이날은 방정환 선생님이 만드신 날이다. (참)
6. 지렁이는 피부로 숨을 쉰다. (참)
7. 한국에서 월드컵이 열렸던 때는 2000년도이다. (거짓)
8. 대나무는 세상에서 가장 빨리 자라는 식물이다. (참)
9. 서울은 대한민국에서 면적이 가장 큰 도시이다. (거짓)
10. 천 원짜리 지폐에는 율곡 이이의 얼굴이 그려져 있다. (거짓)

진실을 말하는 사람과 거짓을 말하는 사람 중 누구에게 더 끌리는지 아이들에게 물어보십시오. 진실을 듣고 싶으면서도 가끔 거짓말 하고 싶은 유혹에 빠지는 이유가 무엇일지 아이들에게 물어보십시오.

수업 개요

수업을 시작하면서 하나님께 도움을 구하십시오. 자신이 이번 문답을 신실하게 가르치게 해 달라고, 아이들이 잘 듣게 해달라고 간구하십시오.

하나님은 진리의 하나님이라는 말로 이번 수업을 시작하십시오. 그분은 진리를 사랑하시고 거짓을 미워하십시오. 하나님이 하실 수 없는 일 중 하나가 바로 거짓말입니다! 그렇기 때문에 하나님이 자기 자녀도 진리를 사랑하고 거짓을 미워하길 바라시는 것은 당연합니다.

출애굽기 20장 1–17절을 읽으십시오. 아이들이 말씀을 함께 읽을 수 있도록 성경을 준비하십시오.

아이들이 이 성경 본문을 읽으며 아홉째 계명과 열째 계명은 또다시 사람들 간의 관계에 초점을 맞추고 있다는 것을 알 수 있도록 도와주십시오. 이 계명들은 하나님의 백성이 다른 사람들과 더불어 지혜롭게 살 수 있도록 도와줍니다.

누군가가 다른 사람에 대해 거짓말을 한다면 어떤 일이 벌어질 것이라고 생각하는지 아이들에게 물어보십시오. 그 결과는 매우 안 좋을 것이고, 관계를 깨뜨리게 될 것입니다. 안타깝게도 사람들은 서로에게, 그리고 서로에 관해 늘 거짓말을 하며, 그로 인해 많은 어려움과 문제를 일으킵니다.

아이들에게 하나님처럼 된다는 것과 하나님께 순종하고자 애쓴다는 것이 무슨 뜻인지 물어보십시오. 하나님이 진리를 사랑하시고 거짓을 미워하신다면, 그분의 백성도 진리를 사랑하고 거짓을 미워해야 한다는 것을 강조하십시오. 하나님은 자기 백성에게 어떤 거짓말도 하지 말라고 명하십니다. 심지어 아주 사

문12 | 하나님은 아홉째 계명과 열째 계명에서 무엇을 명하십니까?

Notes

소한 선의의 거짓말조차도 말입니다. 다른 사람들이 뭐라고 말하든, 거짓말은 모두 잘못되었다는 것을 아이들이 이해하도록 도와주십시오. 하나님은 아주 작은 선의의 거짓말도 싫어하십니다. 아이들에게 거짓말하고 싶은 유혹에 빠졌을 때를 떠올려 보라고 하십시오. 무엇 때문에 거짓말하게 되었나요? 곤란한 상황에서 빠져 나오려고? 벌을 피하려고? 사람들이 자신을 좋아하게 만들려고 거짓말을 했나요?

아이들이 거짓말을 한 마음속 동기를 살펴보도록 도와주십시오. 거짓말을 할 때, 우리는 하나님이나 그분의 영광이 아니라 나 자신에게만 관심을 기울인다는 사실을 아이들이 이해하도록 도우십시오.

아이들에게 마귀는 "거짓의 아비"(요 8:44)라고 불린다고 설명해 주십시오. 거짓말을 할 때 우리는 하나님이 아니라 마귀처럼 행동하는 것이라고 강조하십시오.

아이들과 함께 다시 성경 본문을 살펴보고, 17절이 무슨 뜻이라고 생각하는지 물어보십시오. 아이들에게 다른 사람의 소유물을 갖고 싶은 적이 있었는지 물어보십시오. 아이들이 갖고 싶어 한 것이 무엇인가요? 아이들에게 광고의 영향력을 강조하십시오. 수많은 광고의 목적은 광고에서 보여 주는 것을 갖고 싶은 마음이 들게 하는 것입니다. 어떤 광고를 보며 그런 마음이 들었는지 아이들에게 물어보십시오.

하나님은 자기 백성의 마음을 돌보십니다.

무언가를 탐내는 마음은 종종 사람들이 그 무언가에 집착하게 만들며, 사람들 마음에 있는 하나님 자리를 그 무언가가 차지할 수도 있습니다.

자신이 좋아하는 무언가를 지나치게 많이 생각하지는 않는지 곰곰이 생각해 보고, 다른 사람이 가진 무언가를 보면서 시기한 적은 없는지 떠올려 보라고 하십시오.

탐욕은 사람들의 관계에 해로울 수 있습니다. 우리가 다른 사람이 가진 것을 갖고 싶어 한다면 다른 사람들을 어떻게 생각할지 아이들에게 물어보십시오. 다른 사람들을 사랑할 수 있을까요? 아니면 그저 주변 사람들을 보며 시기하고 억울해 할까요?

탐욕은 하나님을 향해 하나님만으로는 충분하지 않다거나 하나님이 베푸신 것이 부족하다고 항변하는 것입니다. 탐욕은 하나님께 불만이 있다는 것을 보여 주며, 확실히 마음과 목숨과 뜻을 다해 하나님을 사랑하지 않는다는 것입니다.

아이들이 문12와 답을 기억하도록 도우면서 수업을 마치십시오.

이 내용은 단순히 수업 지도를 위한 것입니다. 가르치는 아이들과 상황에 따라 이 내용을 확장하거나 수정하십시오. 여러분의 말로 여러분의 이야기를 쓰십시오. 그리고 아이들에게 적절하게 응용할 만한 예화나 적용을 추가하십시오.

Notes

활동

아이들이 가위로 오릴 수 있는 장난감 카탈로그 몇 권을 준비하십시오.

아이들에게 카탈로그에서 갖고 싶은 장난감 사진들을 오리라고 하십시오. 또는 갖고 싶은 장난감을 그리거나 그 이름을 적어 볼 수도 있습니다.

잠시 뒤에 아이들에게 오린 것들을 보여 달라고 하십시오. 그리고 자신이 오린 장난감을 실제로 받았다고 상상해 보라고 하십시오. 이제 두 번째 장난감을 고르기 위해 다시 카탈로그를 펼치라고 하십시오.

두 번째 사진을 오리고 난 후, 아이들에게 갖고 싶은 두 번째 장난감을 찾기가 어려웠는지 물어보십시오. 이 활동은 탐내던 물건을 갖게 되더라도 여전히 우리를 온전히 만족시키지 못한다는 것을 보여 줍니다. 우리는 늘 더 많은 것을 원합니다!

다른 사람에게 있는 것을 갈망하는 마음에서 아이들을 자유롭게 해달라고 하나님께 기도하십시오. 그리고 아이들이 하나님 안에서 만족을 얻게 해달라고 간구하십시오.

토론과 질문

아이들은 다음과 같은 질문을 할 수도 있습니다.

? 가끔은 거짓말해야 할 때도 있지 않나요?

마귀는 거짓의 아비입니다. 마귀는 사람들이 거짓말하는 것을 좋아합니다. 사람들이 거짓말을 하는 것은 하나님이 어떤 분인지가 아니라 마귀가 어떤 자인지를 세상에 보여 주기 때문입니다. 우리는 늘 진리를 말하려고 애써야 합니다.

? 다른 아이들이 가진 것을 가지고 있지 않으면, 왕따처럼 느껴져요. 그래서 제가 다른 사람의 물건을 탐내는 것 아닌가요?

소유물은 만족이나 성취를 주지 못합니다. 하나님만이 우리를 만족시키실 수 있으며, 우리에게 필요한 모든 것을 베푸시는 분입니다.

다음 질문을 통해 아이들이 자신의 삶을, 그리고 이 교리문답이 각자에게 어떻게 영향을 줄지를 생각하도록 도와주십시오.

- 진리를 말하는 사람이 되기 위해 어떻게 노력할 것인가요?
- 하나님이 베푸신 것에 만족하고 모든 것을 그분께 의탁한다는 것이 무슨 뜻일까요?
- 이웃과 친구, 가족을 어떻게 사랑할지 생각해 보는 데 이번 수업이 어떤 도움을 주었나요?

문12 | 하나님은 아홉째 계명과 열째 계명에서 무엇을 명하십니까?

Notes

덕목 찾기

정직

아이들에게 각각 종이 한 장과 연필 한 자루를 나눠 주십시오.

때로는 진리보다 거짓을 말하기가 훨씬 쉽다는 것을 인정하십시오. 아이들에게 사람들이 어떤 상황에서 거짓말하고 싶은 유혹에 빠지는지 생각해 보라고 하십시오.

아이들에게 정직에 관한 이야기, 즉 거짓말이 누군가를 곤경에 빠뜨린 이야기를 써보라고 하십시오.

아이들이 쓴 이야기를 읽어 보게 하고, 각 등장인물이 거짓말 대신 어떻게 행동할 수 있었을지 이야기를 나눠 보게 하십시오.

암송 활동

암송 구절이나 교리문답의 답을 프린트하십시오. 단어별로 오려서 풍선 안에 넣으십시오. 아이들이 풍선을 터뜨려서 그 안에 든 암송 구절이나 교리문답의 답을 순서대로 나열하게 하십시오. 한두 번 정도 읽고 나서, 아이들이 전체 문장을 말할 수 있을 때까지 한 번에 한 단어씩 빼면서 읽게 하십시오.

마치는 기도

하나님이 십계명을 주신 것과, 그 계명을 통해 하나님에 대해 배운 것들을 하나님께 감사하며 기도할 수 있도록 아이들을 독려하십시오.

인도자 가이드 1

성부 하나님
창조와 타락
율법

문13

하나님의 율법을 완전하게 지킬 수 있습니까?

답

타락 이후, 인간은 하나님의 율법을 완전하게 지킬 수 없습니다.

핵심 개념
하나님의 율법을 완전하게 지킬 수 있는 분은 오직 예수님뿐이다. 어느 누구도 하나님의 율법을 완전하게 지키지 못하며, 지킬 수 없다.

목적
아이들에게 원죄의 개념을 소개한다.

성경 본문
로마서 3장 9-20절

암송 구절
"의인은 없나니 하나도 없으며 깨닫는 자도 없고 하나님을 찾는 자도 없고 다 치우쳐 함께 무익하게 되고 선을 행하는 자는 없나니 하나도 없도다"(롬 3:10-12).

핵심 덕목
용서

Notes

기억하십시오

현대 사회에서 죄는 점점 낯선 개념이 되고 있으며, 사람들은 원죄 교리에 대한 신념을 불쾌하게 여길 것입니다. 세상은 아이들이 아무 죄 없이 태어나며, 자라면서 어른들에게 받는 영향으로 타락한다고 믿는 경향이 있습니다. 이번 문답의 목적은 아이들에게 원죄 교리를 소개하는 것입니다.

이번 문답은 예수님 말고는 어느 누구도 하나님의 율법을 완전하게 지키지 못했고, 지킬 수 없다는 것을 아이들이 이해하도록 도울 것입니다. 아이들은 죄가 우리와 하나님의 관계는 물론 다른 사람과의 관계에도 영향을 끼쳤다는 것을 배울 것입니다. 이번 문답의 목적은 죄가 어떻게 모든 것을 타락시켰는지, 예수님이 완전한 삶을 사신 것으로 어떻게 구원을 베푸실 수 있는지를 아이들이 깨닫도록 돕는 것입니다.

수업을 계획하고 가르칠 때 기억할 것들

- 몇몇 아이는 이 개념을 쉽게 이해하지 못할 것입니다. 인도자는 관심과 인내를 가지고 이번 수업에 임하십시오.
- 이번 문답은 아이들이 무서워할 만한 주제일 수 있습니다. 특히 비그리스도인 가정에서 자라고 있는 아이들에게는 더욱 그럴 것입니다. 비그리스도인 가정에서 자라거나 아직 그리스도인이 아닌 아이들에게 더욱 주의를 기울이십시오.
- 인도자는 자신이 정한 시간 계획에 맞추어 이 문답에 있는 활동을 섞거나 수정할 수 있습니다(학습 계획을 예시한 13쪽을 참조하십시오). 그 요소들을 모두 할 시간이 없을지도 모릅니다. 여러분이 가르치는 아이들의 강점과 약점에 따라 각 활동을 자유롭게 응용하십시오.

기도하십시오

은혜로우신 하나님, 저는 아무 자격이 없는 죄인인데도 하나님이 주 예수 그리스도 안에서 구원을 통해 제게 자비와 은혜를 보여 주신 것을 기뻐합니다. 제가 하나님의 은혜를 늘 기억하고, 저를 구원해 주신 사실에 늘 깨어 있길 바랍니다. 아이들이 이번 문답을 잘 이해하게 해주십시오. 그리고 아이들도 구주가 필요하다는 사실을 깨달을 수 있도록 도와주십시오. 예수님의 이름으로 기도합니다. 아멘.

문13 | 하나님의 율법을 완전하게 지킬 수 있습니까?

준비하십시오

- 화이트 보드와 펜
- 이블 크니블(Evel Knievel)의 사진이나 비디오 영상
- 손전등
- 매끄러운 석판(공예품점 원예용품 코너에서 구입할 수 있음), 아이 수만큼
- 페인트 펜(paint pen)

Notes

교리문답 정리

아이들을 몇 팀으로 나누십시오. 교실 앞에 화이트보드를 놓고, 각 팀에 화이트 보드 펜을 나누어 주십시오. 자기 팀 이름을 만들어 보게 하고, 보드에 각 팀 이름을 적게 하십시오.

아이들에게 지금까지 배운 교리문답의 질문이나 답을 읽어 주겠다고 말하십시오. 아이들은 그 질문이나 답을 듣고 팀 안에서 돌아가면서 앞으로 달려 나가 몇 번째 교리문답인지 보드에 적어야 합니다. 한 바퀴가 다 돌고 나면 가장 빠른 아이가 누구인지, 누가 바른 답을 적었는지 확인하십시오. 가장 빠른 팀과 정확한 숫자를 맞춘 팀에 점수를 주십시오. 점수가 가장 많은 팀이 마지막에 우승합니다.

문13 소개

아이들에게 가장 나쁜 죄가 무엇이라고 생각하는지 물어보십시오. 아이들이 말하는 목록을 화이트 보드에 적으십시오.

아이들이 몇몇 죄를 열거했다면, 가장 나쁜 것부터 덜 나쁜 것 순으로 그 죄들에 순위를 매겨 보라고 하십시오. 이 활동을 다 마치고 나면, 그 목록에서 아이들 자신은 어디쯤 있는지 물어보십시오. 아마 아이들은 자신이 그 목록에 포함되어 있을 수 있다는 의견에 충격을 받고, 자신은 죄가 없다고 항변할지 모릅니다.

세상의 기준으로는 아이들이 죄를 저질렀다거나 법을 어긴 적이 없다는 것을 알고 있다고 아이들을 안심시키십시오. 그러나 아이들에게 하나님의 율법을 깨뜨리지는 않았는지 생각해 보라고 하십시오. 이제 다시 한 번 아이들에게 그 목록이 하나님을 위해 준비된 것이라면, 자신이 그 목록 가운데 어디에 있을지 생각해 보라고 하십시오. 바라건대 아이들은 자신을 그 목록 맨 꼭대기에 둘 것입니다. 순위 번호를 모두 지우고, 하나님 앞에서는 모두가 똑같이 죄인이라고 아이들에게 말해 주십시오. 문13을 읽어 주십시오. "하나님의 율법을 완전하게 지킬 수 있습니까?" 하나님은 자기 백성에게 어떻게 살아야 하는지를 보여 주시기 위해 율

Notes

법을 주셨다는 것을 아이들에게 새겨 주십시오. 그러나 예수님을 제외한 모든 사람은 하나님의 율법을 완전하게 지키지 못했습니다.

활동

아이들에게 이블 크니블(Evel Knievel) 이야기를 들려주십시오. 이블은 무모한 묘기를 곧잘 시도하던 유명한 오토바이 운전자였습니다. 그가 한 몇 가지 묘기를 알려 줄 만한 사진이나 영상을 아이들에게 보여 주십시오.

1974년 9월 8일, 이블 크니블은 낙하산을 단 오토바이를 타고 스네이크 리버 협곡을 뛰어 넘기로 했습니다. 그러나 많은 관중은 실망하고 말았습니다. 그가 뛰어 넘지 못했기 때문입니다. 이블은 그대로 추락하고 말았습니다. 놀랍게도 이블은 죽지 않고 작은 부상만 입었습니다. 그런데 아무도 이블이 얼마나 멀리 갔는지에는 관심이 없었습니다. 현실은 그가 반대편에 도달하지 못했으니까요. 이처럼 협곡을 뛰어 넘으려고 할 때는 "거의" 뛰어 넘는 것으로는 충분하지 않습니다!

이 이야기는 인간이 하나님의 율법 앞에서 어떠한지를 보여 준다는 것을 아이들이 이해하도록 도와주십시오. 우리는 모두 하나님의 율법이 정한 기준에 도달하지 못합니다.

수업 개요

수업을 시작하면서 하나님께 도움을 구하십시오. 자신이 이번 문답을 신실하게 가르치게 해달라고, 아이들이 잘 듣게 해달라고 간구하십시오.

아이들에게 시험에서 만점을 받은 적이 있는지 물어보십시오. 그런 경험이 있는 아이가 있다면, 축하해 주십시오! 그리고 나서 그 아이들에게 시험에서 늘 만점을 받았는지 물어보십시오. 그렇지만 최선을 다하기만 한다면, 모든 시험에서 만점을 받는 것이 중요하지는 않다고 아이들을 안심시키십시오.

하나님의 율법을 지키는 것은 누군가가 살면서 모든 시험에서 늘 만점을 받는 것과는 매우 다릅니다. 완전하게 살아가는 일은 불가능하다는 것을 아이들이 이해하도록 도와주십시오.

로마서 3장 9-20절을 읽으십시오. 아이들이 말씀을 함께 읽을 수 있도록 성경을 준비하십시오.

아이들에게 바울이 로마인들에게 쓴 편지를 소개해 주십시오. 그 편지에서 바울은 편지를 읽을 사람들이 지금 얼마나 안 좋은 상황에 처했는지를 이해하도록 돕고 있습니다! 바울은 유대인(하나님이 택하신 백성)이든 헬라인이든 모

든 사람은 하나님이 율법, 즉 십계명에 계시하신 기준대로 살아가지 못한다는 것을 분명하게 설명합니다. 바울은 모든 사람이 죄 가운데 태어났으며, 그렇기 때문에 어느 누구도 하나님의 율법을 완전하게 지킬 수 없다고 말합니다.

하나님은 인간이 하나님의 율법을 완전하게 지킬 수 있도록 창조하셨지만, 아담을 통해 죄가 이 세상에 들어오면서 모든 것이 달라졌습니다. 아담은 자기 방식대로 살기 위해 하나님의 율법을 거부했습니다. 그 후 이 땅을 살아간 사람들은 모두 아담에게 처음 나타난 그 죄에 물들었습니다.

죄 때문에 모든 사람은 하나님과 분리되었으며, 어느 누구도 하나님이 요구하시는 완전하고 의로운 삶을 살 수 없습니다. 하나님은 자신의 율법을 지키지 못하는 사람들을 벌한다고 선언하셨습니다.

바울은 하나님과 바른 관계를 맺고 있는 사람이 아무도 없다고 설명합니다. 아이들에게 다시 성경 본문을 읽어 보라고 하십시오. 그 본문에서 사람들에 관해 말하는 내용을 몇 가지 찾아보라고 하십시오. 그 본문에 나오는 신체 기관 가운데 어느 부분이 자신에게 해당하는지 아이들에게 물어보십시오. 우리 몸 가운데 죄에 영향을 받지 않은 곳은 한 군데도 없습니다. 이 말씀을 읽고 충격적인지, 놀라운지, 염려스러운지 아이들에게 물어보십시오.

죄는 다른 사람들과의 관계와 하나님과의 관계 모두를 망쳐 놓는다는 것을 아이들이 깨닫도록 도와주십시오.

아이들에게 20절을 읽어 주고, 그 구절은 율법으로는 누구도 구원받을 수 없지만 율법을 통해 사람들은 자신의 죄를 깨달을 수 있다는 의미라는 것을 설명해 주십시오.

아이들에게 교실이 더러운지 깨끗한지 물어보십시오(바라기는 아이들이 깨끗하다고 말하는 것입니다). 교실이 깔끔해 보이지만, 우리가 볼 수 없는 먼지가 있을 것이라고 말해 주십시오. 몇몇 아이씩 교대로 손전등을 사용해서 먼지를 찾아보게 하십시오. 율법은 우리로 하여금 우리가 하나님의 완전한 길대로 살지 못했다는 것을 알게 해줍니다. 이것은 마치 손전등을 통해 우리가 맨눈으로는 볼 수 없는 먼지를 발견하는 것과 같습니다.

그렇지만 좋은 소식도 있습니다! 우리가 율법을 지키지 못한다는 것을 이해하는 것을 통해 어떻게 복음을 아름답게 빛나게 하는지 설명하십시오. 다이아몬드 뒤에 놓인 검은색 벨벳 천이 다이아몬드를 더욱 빛나게 해주는 것처럼 말입니다.

하나님의 율법을 완전하게 지키신 유일한 분이 계십니다. 그분은 바로 예수님입니다. 하나님은 자신의 통치를 거부하고 자신의 율법을 거스른 사람들을 벌하시려 했지만, 놀랍게도 예수님이 하나님과 인간의 관계를 회복하기 위해 기꺼이 하나님의 형벌을 감당하셨습니다.

아이들이 문13과 답을 기억하도록 도우면서 수업을 마치십시오.

Notes

이 내용은 단순히 수업 지도를 위한 것입니다. 가르치는 아이들과 상황에 따라 이 내용을 확장하거나 수정하십시오. 여러분의 말로 여러분의 이야기를 쓰십시오. 그리고 아이들에게 적절하게 응용할 만한 예화나 적용을 추가하십시오.

활동

화이트 보드 가운데에 수직으로 선을 그으십시오. 한쪽에 "전"이라고 쓰고, 다른 쪽에는 "후"라고 쓰십시오. 아이들이 차례로 나와 양쪽에 무언가를 적을 것입니다. "전"이라고 적힌 부분에는 아담이 타락하기 전에 참이던 것을 적게 하십시오. "후"라고 적힌 부분에는 지금 이 세상에서 참인 것을 적게 하십시오.

토론과 질문

아이들은 다음과 같은 질문을 할 수도 있습니다.

? 하나님은 왜 세상에 죄가 들어오는 것을 허락하셨나요?

하나님은 인간이 죄를 지을 것을 알고 계셨지만, 그 일이 일어나도록 허락하셨습니다. 그렇게 해서 하나님은 예수님을 세상에 보내셔서 십자가에 죽게 하심으로 자신의 놀라운 사랑을 나타내실 수 있었습니다.

? 율법을 지키지 않는 사람들은 어떻게 되나요?

하나님은 공의로우시고 거룩하시기 때문에 자신의 율법을 완전하게 지키지 않고 뉘우치지도 않는 사람들을 벌하실 것입니다. 사람들은 마치 하나님이 존재하시지 않는 것처럼, 그분의 율법이 중요하지 않은 것처럼 살 수 있습니다. 그러나 언젠가 그들은 하나님 앞에서 심판받을 것입니다.

? 제가 그리스도인인지 잘 모르겠어요. 그렇다면 저는 하나님께 벌을 받게 될까요?

예수님을 믿을 때 그리스도인이 됩니다.

다음 질문을 통해 아이들이 자신의 삶을, 그리고 이 교리문답이 각자에게 어떻게 영향을 줄지를 생각하도록 도와주십시오.

- 다른 사람에게 원죄의 개념을 어떻게 설명하면 좋을까요?
- 예수님 안에서 우리를 구원하신 하나님의 은혜에 감사하는 마음으로 율법에 순종하도록 어떻게 영감 받을 수 있을까요?

문13 | 하나님의 율법을 완전하게 지킬 수 있습니까?

• 복음을 전하는 일이 얼마나 긴급한지를 알고 있나요?

Notes

덕목 찾기
용서

매끄러운 석판과 페인트 펜을 준비하십시오.

하나님은 회개하는 사람을 용서하신다는 것을 우리가 알지 못한다면, 우리가 하나님의 율법을 완전하게 지킬 수 없다는 것은 매우 안 좋은 소식일 것입니다. 그러나 우리가 받아야 마땅한 형벌을 그리스도께서 감당하셨기 때문에, 우리는 완전하게 용서받을 수 있습니다.

누군가가 우리 감정을 상하게 하거나 우리에게 죄를 저지를 때, 우리가 완전히 용서받았다는 사실은 어떤 차이를 만들지 물어보십시오. 하나님이 그들을 용서하셨다는 사실은 그들도 다른 사람들을 용서하고 싶어지게 할까요?

아이들에게 작은 석판을 하나씩 나눠 주십시오. 아이들에게 용서를 상징하는 것을 석판 위에 그려 보라고 하십시오(십자가가 가장 좋은 상징이겠지만, 아이들은 다른 것들을 생각할 수도 있습니다). 아이들이 석판을 꾸며 보게 하십시오. 아이들에게 이것은 "용서의 석판"이라고 설명하십시오. 이 석판은 하나님이 우리를 용서하셨기(위에서 오는 용서) 때문에 우리도 다른 사람들을 용서해야 한다는 것(옆으로 하는 용서)을 기억하게 해줍니다. 누군가가 자신에게 죄를 저지를 때, 용서의 석판은 하나님이 우리를 용서하셨기 때문에 우리도 용서해야 한다는 것을 기억하게 해줄 것입니다.

아직은 아이들이 석판을 집으로 가져가지 않게 하십시오. 다음 덕목 찾기 시간에 쓸 수 있도록 용서의 석판을 몇 개 더 만드십시오.

암송 활동

화이트 보드에 암송 구절이나 교리문답의 답을 적되, 받침은 쓰지 마십시오. 아이들에게 먼저 받침 없이 읽어 보게 하십시오. 그러고 나서 어떤 받침을 적어야 할지 알려 주십시오. 받침을 모두 적으면, 아이들과 함께 암송 구절이나 교리문답의 답을 몇 번 읽으십시오.

Notes

⑤ 마치는 기도

아이들이 자신이 받은 구원을 기뻐하고, 다른 사람이 구원받기를 기도해야 할 필요성을 느끼도록 기도하십시오.

문14

하나님은 우리를 만드실 때 자신의 율법을 지킬 수 없도록 만드신 것입니까?

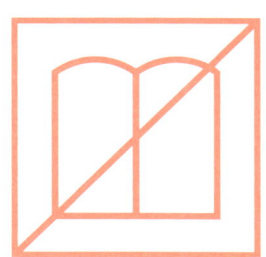

답

**그렇지 않습니다.
그러나 아담과 하와의 불순종 때문에
우리는 모두 죄와 죄책 가운데 태어났고
하나님의 율법을 지킬 수 없습니다.**

핵심 개념
하나님은 아담과 하와가 그분의 율법을 완전하게 지킬 수 있도록 창조하셨다. 지금은 죄 때문에 그 율법을 지키지 못한다.

목적
어떻게 죄가 인류 안에 들어왔는지, 그리고 아담 안에 있다는 것과 그리스도 안에 있다는 것이 어떻게 다른지 아이들이 이해하도록 돕는다.

성경 본문
로마서 5장 12-21절

암송 구절
"그러므로 한 사람으로 말미암아 죄가 세상에 들어오고 죄로 말미암아 사망이 들어왔나니 이와 같이 모든 사람이 죄를 지었으므로 사망이 모든 사람에게 이르렀느니라"(롬 5:12).

핵심 덕목
용서

Notes

기억하십시오

죄가 어떻게 세상에 들어 왔느냐는 궁금증은 아이들이 특히 이해하려고 애쓰는 혼란스러운 문제입니다. 이번 문답은 하나님이 원래 그분의 율법을 완전하게 지킬 수 있도록 아담과 하와를 창조하셨다는 사실을 아이들에게 알려 줄 것입니다. 그러나 아담이 스스로 통치하기 위해 하나님의 통치를 거부하기로 하면서 죄가 인류 안에 들어 왔습니다. 그 후로 죄는 세대를 거쳐 이어져 왔습니다. 아이들은 어느 누구도 하나님의 율법을 완전하게 지킬 수 없다는 것을 배울 것입니다. 이번 문답의 목적은 아담 안에 있다는 것과 예수님 안에 있다는 것이 어떻게 다른지를 아이들이 이해하도록 돕는 것입니다.

수업을 계획하고 가르칠 때 기억할 것들

- 이번 수업은 몇몇 아이에게는 이해하기 어려운 내용일 수도 있습니다. 이번 문답의 핵심을 되도록 분명하게 전달하려고 애쓰십시오.
- 하나님의 율법을 지킬 수 없다는 것이 무슨 뜻인지를 아이들이 명확하게 이해하도록 도우십시오. 특히 그리스도인이 아닌 아이들이나, 부모님이 그리스도인이 아닌 아이들을 고려하십시오.
- 인도자는 자신이 정한 시간 계획에 맞추어 이 문답에 있는 활동을 섞거나 수정할 수 있습니다(학습 계획을 예시한 13쪽을 참조하십시오). 그 요소들을 모두 할 시간이 없을지도 모릅니다. 여러분이 가르치는 아이들의 강점과 약점에 따라 각 활동을 자유롭게 응용하십시오.

기도하십시오

세상을 다스리시는 하나님, 무력한 아담의 인류에서 저를 구원해 주셔서 고맙습니다. 예수님을 통해 구원과 생명을 주셔서 고맙습니다. 제가 받은 구원과 하나님의 완전한 계획을 기뻐하도록 도와주십시오. 아이들이 이번 문답을 잘 이해하게 해주십시오. 아이들이 아담 안에 있다는 것이 무엇인지, 그리고 그와 달리 예수님 안에 있다는 것은 무엇인지 이해하도록 도와주십시오. 예수님의 이름으로 기도합니다. 아멘.

문14 | 하나님은 우리를 만드실 때 자신의 율법을 지킬 수 없도록 만드신 것입니까?

Notes

준비하십시오

- "문14 교리문답 정리"(다운로드)
- 해시태그(#)가 커다랗게 프린트된 종이
- 매직펜
- 커다란 흰 종이 여러 장
- 빨간색 스티커 여러 개
- 검은색 페인트
- 페인트 붓

교리문답 정리

"문14 교리문답 정리"(다운로드)를 프린트하십시오. 교실 곳곳에 질문과 답을 붙이십시오. 각 종이 옆에는 해시태그가 커다랗게 프린트된 종이도 함께 붙이십시오.

아이들에게 벽에 붙은 질문들 중 하나 앞에 가서 서라고 하십시오. 그리고 그 질문을 요약할 만한 해시태그를 만들어 보라고 하십시오. 해시태그는 소셜 미디어에서 무언가를 짧게 요약하거나 언급한 문구입니다. 띄어쓰기 없이 적어야 합니다. 시간이 많다면, 아이들에게 여러 질문에 해시태그를 적어 보게 하십시오. 아이들이 적은 것 가운데 몇 가지를 소리 내어 읽고, 해시태그는 질문과 답을 기억하도록 도와줄 수 있다고 말해 주십시오.

예:

문2 "하나님은 어떤 분입니까?"
답_ 하나님은 모든 사람과 모든 것을 지으신 분입니다.

해시태그_ #경외 #나는어디에서왔나요

문14 소개

아이들과 함께 단어 연상 놀이를 하십시오. 이 놀이의 규칙은 아이들이 앞 단어와 직접적으로 관련된 단어를 말해야 하며, 시간을 끌거나 같은 단어를 말할 수는 없다는 것입니다. 늦게 말하거나 한 번 나온 단어를 또 말하는 아이는 자리에 앉고, 다른 아이가 그 아이를 대신해야 합니다. 이 놀이는 시간이 허락하는 한 계속할 수 있습니다.

이 놀이를 시작하기 위해 먼저 두 명을 정하십시오. 그중 한 아이에게 첫 단어를 주십시오.

아래에 활용할 수 있는 몇 가지 단어가 있습니다. (늦게 말하거나 같은 단어를 말해서) 참가자가 바뀔 때마다 (아직 말한 적이 없는) 새 단어를 소개하십시오.

Notes

| 아담 | 하와 | 죄 | 선 |
| 타락 | 거절 | 통치 | 뱀 |

이 놀이를 하면 창조와, 그 후 죄가 세상에 들어 온 이야기와 연관된 많은 단어를 연상해 보게 할 수 있습니다. 아이들에게 문14를 읽어 주십시오. "하나님은 우리를 만드실 때 자신의 율법을 지킬 수 없도록 만드신 것입니까?" 이번 시간에는 하나님이 인간을 자신의 율법에 순종하지 못하게 만드셨는지, 하나님의 율법을 완전하게 지킬 수 있는 인간의 능력에 영향을 끼친 어떤 일이 일어났는지를 생각해 볼 것이라고 아이들에게 설명해 주십시오.

활동

이번 활동에는 빨간색 스티커 여러 개가 필요합니다.

아이들과 함께 태그 놀이를 하십시오. 술래는 치명적인 바이러스를 가지고 있으며 그 사람에게 잡히면 잡힌 사람도 치명적인 바이러스에 걸리게 된다고 설명해 주십시오. 술래인 아이에게는 자신이 잡은 사람에게 붙일 수 있는 스티커를 몇 장 주십시오. 한 아이를 뽑아 곧 특별한 역할을 할 것이라고 말하고, 놀이에 참여하지 않고 기다리게 하십시오.

바이러스에 감염된 아이는 자리에 앉아야 합니다. 그 아이는 혼자 힘으로는 자신을 돕거나 치료할 수 없습니다.

이제 놀이에 참여하지 않고 기다리고 있던 아이를 이 놀이에 들어가게 해서 바이러스에 감염된 아이에게 붙은 스티커를 떼어 자기 자신에게 붙여 아이들을 치료하게 합니다. 이것은 아이들이 바이러스에서 치료되어 다시 자유롭게 뛰어다닐 수 있다는 것을 나타냅니다.

죄가 세상에 들어 온 것은 마치 바이러스가 우리 각 사람에게 퍼진 것과 같다고 아이들에게 설명해 주십시오. 누구도 면역된 사람은 없으며, 치료법이 절실히 필요합니다.

수업 개요

수업을 시작하면서 하나님께 도움을 구하십시오. 자신이 이번 문답을 신실하게 가르치게 해 달라고, 아이들이 잘 듣게 해달라고 간구하십시오.

로마서 5장 12-21절을 읽으십시오. 아이들이 말씀을 함께 읽을 수 있도록 성경을 준비하십시오.

하나님이 아담과 하와를 창조하실 때, 그들은 창조의 절정에 있었다는 사실을 아이들에게 새겨 주십시오. 하나님은 그들과 함께 에덴

문14 | 하나님은 우리를 만드실 때 자신의 율법을 지킬 수 없도록 만드신 것입니까?

Notes

동산을 거니셨고, 그들은 하나님의 복을 누렸습니다. 아담과 하와는 하나님의 율법을 완전하게 지킬 수 있도록 창조되었습니다. 그러나 사탄이 하와를 유혹했을 때 무슨 일이 일어났는지를 아이들이 떠올릴 수 있도록 도우십시오. 아담과 하와는 하나님의 통치를 거부하고, 하나님께 불순종하기로 했다는 것을 상기시키십시오.

아이들에게 로마서 5장을 읽어 주십시오. 이 부분에서 바울은 죄가 어떻게 인류를 감염시켰는지, 아담 이후 지금까지 모든 사람이 얼마나 죄로 가득한지를 설명하고 있습니다.

바울은 이 본문에서 로마인들에게 세 가지를 가르칩니다.

1. 죄는 아담을 통해 인류에 들어 왔다.
2. 아담의 죄 때문에 사망이 세상에 들어 왔다.
3. 모든 사람이 죄에 감염되었기 때문에 온 세상은 죽음을 직면하고 있다.

하나님이 자신의 율법을 지킬 수 없도록 인간을 창조하셨다고 생각하는지 아이들에게 물어보십시오. 아이들은 그렇지 않다고 대답할 것입니다! 하나님은 자신의 율법을 완전하게 지킬 수 있도록 인간을 창조하셨습니다. 그러나 아담과 하와가 하나님의 통치를 거부하고 죄가 세상에 들어오면서 모든 것이 달라졌습니다.

지금 사람들이 하나님의 율법을 완전하게 지키지 못하는 이유를 아이들에게 찾아보라고 하십시오. 모든 사람이 아담의 후손으로 태어나 아담의 죄를 물려받았기 때문입니다. 부모님께 어떤 것을 물려받는지 아이들에게 물어보십시오. 혈액형이나 얼굴형? 키나 체형? 아이들에게 인류는 아담의 후손이기 때문에 저마다 아담의 죄를 물려받았다고 설명해 주십시오.

아이들에게 〈주 보혈로 날 사심은〉이라는 찬송을 아는지 물어보십시오. 그 곡은 찰스 웨슬리라는 사람이 약 300년 전에 그리스도인이 되자마자 쓴 노래입니다. 아이들에게 3절 가사를 읽어 주십시오.

아버지의 하늘 보좌를 떠나
값없이 끝도 없이 베푸신 그 은혜
오직 사랑으로 가득하신 그분이
아담의 무력한 후손 위해 보혈 흘려주셨네.

찰스 웨슬리가 쓴 "아담의 무력한 후손"이라는 노랫말이 무슨 뜻이라고 생각하는지 아이들에게 물어보십시오. 인간은 죄에 완전히 물들었기 때문에 우리는 하나님의 완전한 율법을 지킬 수 없습니다.

우리는 무력합니다. 하나님의 통치대로 살아갈 수 없으며, 그에 따른 형벌을 마주할 수밖에 없습니다. 죄는 사람들이 마음과 목숨과 뜻을 다해 하나님을 사랑하는 능력에 영향을 주었습니다. 모든 사람은 죄와 사망으로 부패했습니다. 우리 모두 그렇게 부패했다는 것을 아이들에게 강조하십시오!

Notes

아이들에게 성경 본문을 다시 읽어 보라고 하십시오. 특히 로마서 5장 15절을 주의 깊게 읽으십시오. 한 사람으로 인하여 죄가 세상에 들어 왔지만, 또 한 사람, 즉 예수 그리스도로 말미암아 구원이 세상에 들어 왔다는 것을 아이들이 이해하도록 도와주십시오. 찰스 웨슬리는 예수님이 아담의 무력한 후손을 매우 사랑하셔서 하늘을 떠나 이 땅에 오셨다고 썼습니다.

아이들에게 아담의 죄는 사망을 가져 왔지만, 예수님의 구원은 생명을 가져 온다고 설명하십시오.

아이들이 문14와 답을 기억하도록 도우면서 수업을 마치십시오.

이 내용은 단순히 수업 지도를 위한 것입니다. 가르치는 아이들과 상황에 따라 이 내용을 확장하거나 수정하십시오. 여러분의 말로 여러분의 이야기를 쓰십시오. 그리고 아이들에게 적절하게 응용할 만한 예화나 적용을 추가하십시오.

활동

아이들이 그림을 그리거나 글을 쓸 수 있도록 커다란 흰 종이와 매직펜을 준비하십시오.

아이들에게 첫 사람인 아담과 하와가 창조된 이야기와 관련하여 생각나는 것들을 종이에 되도록 많이 그려 넣거나 적어 보라고 하십시오. 성경에서 창조 이야기 부분을 찾아 읽고 자신이 종이에 꾸밀 내용을 채워 보라고 하십시오.

또한 아이들이 막 창조되었을 당시 삶이 어떤 모습이었을지 생각해 보도록 도우십시오. 인도자도 한 명 정도는 함께 그려 보십시오.

인도자가 그림을 다 그리고 나면, 아이들과 함께 보면서 그 그림 위에 검은색으로 "죄"라고 쓰십시오. 아름다운 예술품을 훼손하는 것은 창피한 일이라는 것을 알려 주십시오. 그러면서 죄가 하나님이 만드신 세상에 얼마나 엄청난 영향을 끼쳤는지를 보여 준 것이라고 설명하십시오. 아이들에게 자신이 그린 예술품에 똑같이 할 수도 있다는 선택권을 주십시오. 그러나 아이들이 원한다면 자신이 그린 그림을 훼손하지 않아도 괜찮다고 알려 주십시오.

토론과 질문

아이들은 다음과 같은 질문을 할 수도 있습니다.

? 하나님은 왜 아담과 하와가 죄를 짓는 것을 허용하셨나요?

문14 | 하나님은 우리를 만드실 때 자신의 율법을 지킬 수 없도록 만드신 것입니까?

Notes

하나님은 아담과 하와를 창조하실 때 죄를 지을 수 있는 의지를 허용하셨습니다. 하나님은 그들이 죄를 지을 줄 아셨지만, 그것을 허용하셨습니다. 타락은 하나님의 구원 계획에 속합니다.

? **아담과 하와가 죄를 범하지 않았다면, 하나님이 예수님의 죽음을 막으실 수 있었을까요?**

예수님의 죽음은 하나님의 영원한 구원 계획에 속한 것입니다. 그리고 그 무엇도 하나님의 예상을 뛰어넘지는 못합니다.

? **우리가 아담의 죄를 물려받는다는 건 불공평하지 않나요?**

삶은 불공평합니다. 우리가 공평함을 고집한다면, 그리스도의 의가 우리를 대신한다고 여겨지는 것 또한 공평하지 않다는 것을 인정해야 합니다. 우리가 죄 된 본성을 가지고 태어난 것을 불평하기보다는 하나님이 그 죄에서 우리를 구원할 길을 마련해 주셨다는 사실에 감사해야 합니다.

다음 질문을 통해 아이들이 자신의 삶을, 그리고 이 교리문답이 각자에게 어떻게 영향을 줄지를 생각하도록 도와주십시오.

- 이 질문을 통해 원죄를 얼마나 이해하게 되었나요?
- 아담의 무력한 후손이 무엇인지를 친구에게 어떻게 설명할 수 있을까요?
- 아담과 예수님의 차이를 알 수 있나요?

덕목 찾기

용서

우리는 (아담에게 물려받은 대로) 율법을 지킬 수 없다고 설명하고, 우리에게는 용서가 필요하다는 것을 새겨 주십시오. 아이들에게 지난 시간에 용서에 대해 나눈 내용을 기억하는지 물어보십시오. 우리는 왜 다른 사람을 용서하고자 해야 하나요?

아이들을 두 팀으로 나누십시오. 각 팀에게 지난 시간에 만든 "용서의 석판"을 활용하여 용서를 주제로 하는 연극을 준비해 보라고 하십시오(아이들에게 인도자가 만든 여분의 석판을 나눠 주십시오). 하나님이 우리를 용서하시기 때문에 우리도 다른 사람을 용서해야 한다는 메시지가 담긴 연극을 준비할 수 있는지 아이들에게 물어보십시오.

Notes

암송 활동

아이들을 둘 이상의 팀으로 나누십시오. 각 팀은 암송 구절이나 교리문답의 답을 말이나 노래, 행동으로 설명하되 다른 팀보다 창조적인 방식으로 표현해야 합니다. 아이들에게 계획을 세울 시간을 주고, 완성된 팀은 다른 팀들에게 어떻게 만들었는지 보여 주게 하십시오.

마치는 기도

하나님이 예수님을 통해 보여 주신 은혜와 자비를 고백하는 짧은 기도문을 아이들이 서로 나누도록 독려하십시오.

문15

어느 누구도 율법을 지킬 수 없다면, 율법의 목적은 무엇입니까?

답

율법의 목적은 하나님의 거룩한 본성을 알고
우리 마음의 죄악 된 본성을 깨달아
우리에게 구주가 필요하다는 것을 확신케 하는 것입니다.

핵심 개념
율법은 죄를 드러내고 인도하여 하나님의 성품을 알게 한다.

목적
그리스도인의 삶에서 율법이 가치 있다는 것을 아이들이 이해하도록 돕는다.

성경 본문
로마서 3장 19-20절

암송 구절
"그러므로 율법의 행위로 그의 앞에 의롭다 하심을 얻을 육체가 없나니 율법으로는 죄를 깨달음이니라"(롬 3:20).

핵심 덕목
경외

Notes

기억하십시오

그리스도인의 삶에서 율법이 무슨 쓸모가 있는지 질문할 수 있습니다. 어느 누구도 하나님의 율법대로 완전하게 살 수 없도록 만들어진 것이라면, 율법이 왜 필요할까요? 아이들은 매우 영악해서 이 분명한 모순을 재빠르게 알아챌 것입니다. 이번 문답은 아이들을 독려하여 그리스도인의 삶에서 율법이 가치 있다는 사실을 알게 하는 데 유용할 것입니다. 이번 문답은 아이들이 자신의 삶을 통해 율법의 중요성을 예측하도록 독려합니다. 이번 문답의 목적은 아이들에게 하나님의 율법은 비그리스도인과 그리스도인 모두에게 매우 가치 있다는 사실을 보여 주는 것입니다. 비그리스도인에게 율법은 그들이 하나님의 기준대로 살 수 없다는 것을 드러내고 그들에게 구주가 필요하다는 사실을 알게 합니다. 그리스도인에게 율법은 그들이 하나님을 영화롭게 하는 방식으로 살 수 있도록 도와줍니다. 또한 율법은 하나님의 성품을 드러내며, 그것은 모든 사람에게 유익합니다.

수업을 계획하고 가르칠 때 기억할 것들

- 아이들은 율법이 그리스도인의 삶에 필요 없다고 생각하는 경향이 있을 것입니다. 아이들이 율법의 유용성을 깨달을 수 있도록 주의 깊게 도와주십시오.
- 아이들에게 율법주의를 키우는 위험이 있지는 않은지 주의하십시오. 율법에 순종하는 것은 우리를 구원하신 하나님의 은혜에 대한 합당한 반응이라는 사실을 계속해서 설명해 주십시오.
- 순종하는 삶은 하나님을 영화롭게 한다는 것을 아이들이 기억하도록 도와주십시오.

기도하십시오

놀라우신 하나님, 우리에게 율법을 주셔서 고맙습니다. 율법을 살펴보면서 제 안의 죄악을 깨닫고 제 마음과 삶이 하나님께로 다시 향할 수 있게 하심을 감사드립니다. 율법을 살펴서 저 자신을 돌아보게 하심을 감사드립니다. 또한 율법을 통해 저 자신을 드러내게 하심을 감사드립니다.

거룩하시고, 주권적이시며, 사랑이 많으시고, 공의로우신 하나님을 찬양합니다. 아이들이 이번 문답을 잘 이해하게 해주십시오. 아이들이 하나님의 구원 계획에 속한 율법의 목적을 이해하도록 도와주십시오. 또한 아이들이 하나님의 말씀을 자세히 들여다볼 때 하나님이 더욱 많이 드러나시길 기도합니다. 예수님의 이름으로 기도합니다. 아멘.

문15 | 어느 누구도 율법을 지킬 수 없다면, 율법의 목적은 무엇입니까?

준비하십시오
- "문15 교리문답 정리"(다운로드)
- 큰 종이
- 매직펜
- 큰 거울
- 분필 또는 화이트 보드 펜
- UV 라이트 펜
- 색인 카드

Notes

교리문답 정리

"문15 교리문답 정리"(다운로드)에 있는 단어들을 프린트하여 각각 자르십시오. 그리고 교실 한가운데 바닥에 뒤집어서 늘어놓으십시오.

교리문답 정리를 시작하면서 문12, 13, 14를 소리 내어 읽으십시오(답은 읽지 마십시오!). 아이들에게 바닥에 각 질문에 해당하는 답의 단어들이 있다고 말해 주십시오. 아이들이 단어를 뒤집어 보고, 각 질문에 해당하는 답의 단어들을 서로 협력하여 정확하게 구성할 수 있는지 살펴보십시오. 답을 완성하면, 함께 각 문답을 말하면서 교리문답 정리를 마무리하십시오.

문15 소개

이번 문답을 소개하기 위해서는 큰 거울이 필요합니다.

거울을 세워 놓고 아이들에게 거울에 무엇이 보이는지 물어보십시오. 몇 아이에게 더 가까이 다가가 거울에 비친 모습을 살펴보라고 하십시오. 그리고 거울은 무엇에 사용하는지 설명해 보라고 하십시오. 거울을 한 번도 보지 못한 사람에게 거울을 설명한다고 상상해 보라고 하십시오.

잠시 거울을 내려놓고 분필이나 화이트 보드 펜으로 거울에 "율법"이라고 적으십시오. 그리스도인에게 하나님의 율법은 거울과 같은 기능을 한다고 아이들에게 설명하십시오. 그리스도인은 율법을 살펴보면서 자신이 진정으로 어떤 모습인지 깨닫습니다. 율법은 거울처럼 우리의 겉모습을 보여 주는 것이 아닙니다. 율법은 우리의 마음이 어떠한지를 보여 줍니다.

문15를 읽어 주십시오. "어느 누구도 율법을 지킬 수 없다면, 율법의 목적은 무엇입니까?" 이 질문은 율법의 목적을 이해하도록 도와줄 것입니다. 아이들은 이미 율법이 거울과 같은 역할을 할 수 있고, 하나님의 성품을 드러낸다는 것을 배웠습니다. 이제는 율법이 어떻게 아이들의 마음을 드러낼 수 있는지 생각해 보도록 독려하십시오.

Notes

🕙 활동

이번 활동은 "침묵의 인터뷰"입니다. 누군가를 알아가는 가장 좋은 방법은 그 사람이 하는 말을 듣는 것이라는 사실을 알도록 도와주기 위한 활동입니다.

아이들마다 짝을 지어 준 뒤, 짝에게 자신을 소개할 것이라고 알려 주십시오. 아이들에게 지금부터 침묵해야 한다고 말해 주십시오. 속삭이거나 입모양으로 말하려고 해서도 안 됩니다. 아이들은 말하지 않고 소통해야 합니다. 마치 제스처 놀이를 하는 것처럼 몸짓을 활용하여 자신에 관한 세 가지를 짝에게 말해 보라고 하십시오.

서로 번갈아 해본 뒤, 아이들을 다시 한자리에 모으십시오. 아이들에게 자기 짝에 대해 배운 것을 설명해 보라고 하십시오.

이제부터는 말할 수 있습니다! 아이들이 모든 메시지를 제대로 이해하지 못했을 가능성이 큽니다. 그래도 괜찮다고 말해 주십시오.

침묵으로 누군가에 대해 알아내기란 어렵습니다. 누군가를 알아가는 가장 좋은 방법은 그 사람이 자신에 대해 말해 주는 것입니다.

율법의 기능 중 한 가지는 하나님이 누구이시며 어떤 분인지를 더 잘 이해하도록 돕는 것입니다. 율법은 하나님의 성품을 드러냅니다.

🕒 수업 개요

이번 시간에는 UV 라이트 펜이 필요합니다.

수업을 시작하면서 하나님께 도움을 구하십시오. 자신이 이번 문답을 신실하게 가르치게 해달라고, 아이들이 잘 듣게 해달라고 간구하십시오.

종이 위에 UV 라이트 펜으로 "죄"라는 글자를 여러 번 쓰십시오. 아이들에게 종이를 보여 주고 뭐가 보이는지 물어보십시오. 아마 아이들은 아무것도 보이지 않을 것입니다. UV 라이트 펜으로 쓴 글자는 자외선을 비추어야만 보이기 때문입니다. 글자가 적힌 곳에 펜에 달린 자외선을 비추어 "죄"라는 글자가 나타나게 하십시오.

아이들에게 하나님의 율법은 각자의 죄를 드러낸다고 설명하십시오.

로마서 3장 19-20절을 읽으십시오. 아이들이 말씀을 함께 읽을 수 있도록 성경을 준비하십시오.

아이들에게 최근 이 성경 본문을 배운 사실을 떠올려 주십시오. 20절을 읽으면서 바울이 로마인들에게 율법에 대해 뭐라고 가르치는지 찾아보라고 하십시오. 바울은 로마인들에게 율법으로는 죄를 깨닫는다고 말하고 있습니다. 그리스도인들이 율법을 읽고 그 율법에 비추어 자신을 돌아볼 때, 성령께서는 그들

문15 | 어느 누구도 율법을 지킬 수 없다면, 율법의 목적은 무엇입니까?

이 하나님의 율법대로 살지 못한 삶의 영역을 확인하도록 도우십시오. 율법을 읽는 것은 그리스도인들이 자신의 마음을 이해하고 그들의 삶에서 하나님의 기준에 미치지 못하는 영역이 어디인지를 깨닫도록 도울 수 있습니다. 율법은 죄를 드러냅니다. 마치 자외선이 "죄"라는 단어를 드러냈듯이 말입니다. 따라서 율법의 목적 중 하나는 죄인은 결코 하나님의 기준대로 살지 못하며, 그렇기 때문에 마땅히 율법을 거스른 대가를 치러야 한다는 것을 상기시키는 것입니다. 율법은 본질적으로 구주가 필요하다는 사실을 깨우쳐 줍니다.

그리스도인들에게 율법은 또한 어떻게 살아야 하는지를 보여 주는 인도자 역할을 할 수 있습니다. 그리스도인이 하나님을 영화롭게 할 수 있는 한 가지 방법은 그분의 명령에 순종하는 것임을 아이들에게 새겨 주십시오. 그것은 마치 하나님의 가족이 된 사람들이 지켜야 할 가족 규칙과도 같습니다. 하나님의 선한 명령대로 사는 것은 그분의 자녀가 그분을 영화롭게 하도록 도우며, 그분이 어떠한 분인지를 세상에 보여 줄 수 있습니다.

율법에 관한 가장 중요한 한 가지 사실은 율법이 하나님이 어떠한 분인지를 전해 준다는 것입니다. 율법은 세상에 하나님의 성품을 드러냅니다.

십계명은 각각 하나님에 관한 것을 드러냅니다. 이번 문답을 시작할 때 한 놀이와 달리, 하나님의 자녀는 그분의 말씀을 통해 그분의 음성을 듣고 그분이 어떠한 분인지를 이해할 수 있습니다. 어느 누구도 추측하지 않아도 됩니다.

율법은 인간의 죄악 된 본성을 드러내고, 삶에서 하나님의 자녀를 인도하며, 세상에 하나님의 성품을 보여 주기 때문에 중요합니다.

아이들이 문15와 답을 기억하도록 도우면서 수업을 마치십시오.

이 내용은 단순히 수업 지도를 위한 것입니다. 가르치는 아이들과 상황에 따라 이 내용을 확장하거나 수정하십시오. 여러분의 말로 여러분의 이야기를 쓰십시오. 그리고 아이들에게 적절하게 응용할 만한 예화나 적용을 추가하십시오.

Notes

활동

벽 한쪽 부분에 큰 종이를 옆으로 나란히 붙이십시오. 종이 위쪽을 가로질러 큰 글자로 "경외"라고 적으십시오.

십계명을 읽고, 십계명이 하나님의 성품에 대해 무엇을 가르치는지를 생각해 보라고 하십시오.

아이들에게 "경외의 벽"에 그 속성들을 적어 보라고 하십시오. 시간이 된다면, 아이들이 차례로 나와서 "경외의 벽"에 UV 라이트 펜으로

Notes

찬양하는 글을 적어 보게 하고, 그 글들에 자외선을 비춰 보십시오.

토론과 질문

아이들은 다음과 같은 질문을 할 수도 있습니다.

? 제 마음을 이해하도록 율법이 도와준다는 것을 제가 어떻게 알 수 있나요?

자신의 죄를 자각하고 변하고자 하는 열망이 있다면, 성령님이 율법을 통해 예수님을 더욱 닮아가도록 이끄십니다.

? 비그리스도인들은 왜 성경이 온통 규칙과 통제뿐이고, 하나님은 흥을 깨는 분이라고 하나요?

세상은 그리스도인들이 하는 방식대로 율법의 유용성을 보지 않으며, 그리스도인이 하는 방식대로 하나님을 알지 못합니다. 하나님에게서 떨어져 사는 사람들은 자신이 자유롭다는 어리석은 생각을 합니다. 실제로 그들은 죄의 노예인데도 말입니다. 완전한 자유는 예수님을 통해서만 누릴 수 있습니다.

다음 질문을 통해 아이들이 자신의 삶을, 그리고 이 교리문답이 각자에게 어떻게 영향을 줄지를 생각하도록 도와주십시오.

- 하나님을 영화롭게 하도록 율법이 도울 수 있다고 생각하나요?
- 비그리스도인에게 율법이 필요하다는 것을 어떻게 설명할 수 있을까요?
- 하나님을 보는 우리의 관점을 율법이 어떻게 넓혀 줄 수 있을까요?

덕목 찾기

경외

하나님의 율법은 우리에게 그분의 거룩하심을 보여 줍니다. 또한 우리는 얼마나 거룩하지 못한지를 보여 줍니다.

아이들에게 "경외의 벽"으로 향하게 하고, 그 벽에 적은 것 말고도 하나님의 속성들을 더  생각해 보도록 독려하십시오. 하나님의 성품을 공부하는 것이 어떻게 하나님을 더욱 사랑하도록 돕는지 아이들에게 물어보십시오.

그러한 공부가 우리로 하여금 하나님을 더욱 영화롭게 하는 삶을 살도록 하는지 물어보십시오.

문15 | 어느 누구도 율법을 지킬 수 없다면, 율법의 목적은 무엇입니까?

하나님을 경외하는 마음을 적절하게 표현하는 노래를 생각해 보라고 하십시오. 시간이 되는 한, 함께 많은 노래를 불러 보십시오.

Notes

암송 활동

색인 카드에 암송 구절이나 교리문답의 답에 해당하는 단어를 각각 프린트하십시오. 팀별로 나눠 줄 카드 세트를 만드십시오.

- 아이들을 몇 팀으로 나누십시오.
- 암송 구절이나 교리문답의 답을 아이들에게 크게 읽어 주십시오.
- 암송 구절이나 교리문답의 답을 다시 한 번 크게 읽어 주면서 아이들에게 한 구절씩 따라 읽게 하십시오.
- 암송 구절이나 교리문답의 답을 다시 읽으면서 이번에는 아이들이 함께 큰 소리로 읽게 하십시오.
- 팀별로 카드 세트를 하나씩 나눠 주십시오. 카드들은 순서대로 되어 있어서는 안 됩니다! 아이들에게 정해진 시간 안에 바른 순서대로 카드를 나열하게 하십시오.
- 마지막으로 암송 구절이나 교리문답의 답을 읽어 보게 하십시오.

마치는 기도

하나님이 누구이신지, 그리고 율법의 필요와 관련된 이번 질문에 비추어 하나님이 어떻게 일하시는지에 대해 하나님을 찬양하도록 아이들을 독려하십시오.

인도자 가이드 1

성부 하나님
창조와 타락
율법

문16

죄는 무엇입니까?

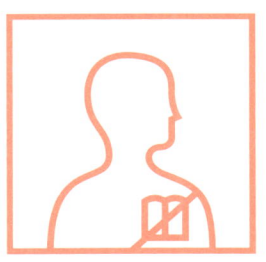

답

죄는 하나님이 창조하신 세상에 살면서 하나님을 거부하거나 무시하는 것입니다. 하나님이 율법에서 요구하시는 대로 살지도, 행하지도 않는 것입니다.

핵심 개념
죄는 하나님의 율법을 거부하거나 무시하고, 그분을 거슬러 반항하는 것이다.

암송 구절
"죄를 짓는 자마다 불법을 행하나니 죄는 불법이라"(요일 3:4).

목적
죄가 무엇이며 하나님과 우리의 관계에 어떤 영향을 끼치는지를 아이들이 이해하도록 돕는다.

핵심 덕목
용서

성경 본문
요한일서 3장 4-10절

Notes

기억하십시오

오늘날 세상에서 죄는 점점 이질적인 개념이 되고 있습니다. 하나님은 끊임없이 사회에서 지워지고, 이제 삶은 하나님의 존재와 상관없이 일어나는 것처럼 보입니다. 서구 세계는 아이들이 선천적으로 선하고 외부 영향을 받아서 갈수록 타락한다고 믿습니다. 원죄는 교회 안에 있는 사람에게든 교회 밖에 있는 사람에게든 낯선 교리일 뿐입니다.

이번 문답은 아이들이 죄의 교리를 탐구하고 하나님의 창조 세계에 죄가 끼친 엄청난 파괴력을 더 온전하게 이해하도록 독려할 것입니다. 아이들은 이 세상에 있는 모든 것이 죄로 오염되었다는 사실을 더 완전하게 인식하고, 십자가에 달리신 그리스도의 희생적이고 대속적인 죽음의 아름다움과 중요성을 더욱 깊이 이해할 것입니다.

수업을 계획하고 가르칠 때 기억할 것들

- 아이들은 죄의 개념에 익숙해서 더 배울 만한 것이 없다고 잘못 생각할지도 모릅니다.
- 몇몇 아이는 자신의 개인적인 죄 때문에 부담을 느끼고 있을지 모릅니다. 따라서 인도자는 지혜롭고 온화하며 은혜롭게 이번 문답을 전해야 합니다.
- 인간은 결코 하나님의 간섭 없이는 죄의 문제를 해결할 수 없다는 사실을 제대로 파악하도록 아이들을 독려해야 합니다.
- 인도자는 자신이 정한 시간 계획에 맞추어 이 문답에 있는 활동을 섞거나 수정할 수 있습니다(학습 계획을 예시한 13쪽을 참조하십시오). 그 요소들을 모두 할 시간이 없을지도 모릅니다. 여러분이 가르치는 아이들의 강점과 약점에 따라 각 활동을 자유롭게 응용하십시오.

기도하십시오

은혜로우신 하나님, 하나님께 죄를 지은 저를 용서해 주십시오. 불법을 행한 저를 위해 예수님을 보내 주셔서 감사합니다. 죄를 찾는 제 욕망을 벌하여 주시고, 제가 하나님을 영화롭게 하는 삶을 살도록 도와주십시오. 아이들이 이번 문답을 잘 이해하게 해주십시오. 아이들이 용서받아야 한다는 사실을 절실히 깨닫고, 십자가에서 죽으신 예수님만이 베푸시는 용서를 통해 기뻐하게 해주십시오. 예수님의 이름으로 기도합니다. 아멘.

문16 | 죄는 무엇입니까?

준비하십시오
- "문16 교리문답 정리"(다운로드)
- 아이들이 봐도 될 만한 신문들
- 색 테이프
- 사인펜
- 매직펜
- 종이
- 가위
- 간증을 나눌 사람이나 간증 영상

Notes

교리문답 정리

문1에서 문15까지 적힌 "문16 교리문답 정리"를 프린트하십시오. 한 종이에는 질문을, 다른 종이에는 답을 프린트하십시오. 팀 수만큼 문답 세트를 프린트하십시오.

아이들을 두 팀으로 나누십시오. 각 팀에게 나누어 줄 문답 종이를 뒤섞어서 교실 한쪽에 놓아두십시오. 한 팀당 서른 장의 종이가 있어야 합니다.

각 팀은 교실 다른 쪽으로 가서 종이 더미 반대편에 서게 하십시오. 팀원들은 차례로 달려 나가 종이 한 장을 집어 들고 팀으로 돌아와야 합니다. 모든 종이를 가져 와서 각 문답을 정확하게 짝지은 팀이 우승합니다. 시합을 하십시오! 모두가 재미있고 즐겁게 참여하는 놀이가 되게 하십시오.

문16 소개

아이들에게 나눠 줄 신문지를 많이 준비하십시오.

아이들을 여러 팀으로 나누고 각 팀마다 신문지를 나눠 주십시오. 아이들에게 불법을 묘사한 기사를 찾아보라고 하십시오(먼저 아이들이 "불법"이라는 말을 이해하는지 확인하십시오).

문16을 읽어 주십시오. "죄는 무엇입니까?"

오늘 읽은 성경 본문은 죄를 불법이라고 표현한다고 아이들에게 설명하십시오.

사람들은 대부분 "불법을 행한 사람"이라고 하면 악한 범죄자, 나라에서 만든 법을 지키지 않은 사람을 생각합니다. 문16은 죄 교리를 더 넓게 생각하게 해줄 것이라고 아이들에게 강조하십시오.

Notes

활동

점핑 게임을 하기 위해 바닥에 색 테이프를 붙여 두 선을 만드십시오. 두 선은 멀찍이 떨어져 있어야 합니다. 아이들이 목표점에 도달하지 못할 만큼이어야 합니다. 아이들이 점핑하는 자리에 붙인 테이프에 로마서 3장 23절을 쓰십시오.

아이들을 한 줄로 나란히 세우십시오. 모든 아이를 한 줄로 세우거나, 몇 줄로 나눠 세우십시오. 아이들에게 한 선에서 다른 선으로 점핑해 보라고 하십시오. 아이들이 시도해 본 뒤에 인도자들도 뛰어 보십시오.

점프해서 도달해야 할 선은 아이들이 닿지 못하는 거리여야 합니다.

성경은 죄를 불법이라고 표현한다고 설명해 주십시오. 그것은 하나님의 율법을 지키는 것과 관련됩니다. 아이들에게 (테이프에 적힌) 로마서 3장 23절은 모든 사람이 죄를 범했다고 선언한다고 말해 주십시오. 모든 사람은 하나님의 기준에 이르지 못합니다. 저마다 필요한 수준에 도달하지 못한 것입니다. 따라서 죄가 무엇인지 생각할 때는 과거에 살았던 사람이든, 지금 살고 있는 사람이든, 앞으로 이 땅을 살아갈 사람이든 모두가 그 죄에 영향을 받았다는 것을 깨달아야 합니다.

수업 개요

수업을 시작하면서 하나님께 도움을 구하십시오. 자신이 이번 문답을 신실하게 가르치게 해달라고, 아이들이 잘 듣게 해달라고 간구하십시오.

이 세상에서 하나님을 밀어 내고 마치 존재하지 않는 것처럼 살아가려고 하는 사람이 많습니다. 아이들에게 하나님을 생각하지 않고 살고 있는지 물어보십시오.

사람들이 하나님을 이 세상의 창조주이자 보존자로 여기지 않을 때 하나님은 무척 슬퍼하십니다. 하나님은 사람들이 그분의 율법을 거슬러 반항하는 것을 싫어하십니다. 그리고 그것을 죄라고 부르십니다. 하나님의 율법을 깨뜨릴 때, 사람들은 죄를 짓습니다. 우리는 무언가를 행하거나 심지어 무언가를 생각하는 것으로도 하나님의 율법을 깨뜨릴 수 있습니다. 이 세상에 가장 처음 나타난 죄는 아담과 하와가 살던 에덴동산에서 일어났습니다. 그 후로 모든 사람은 죄 된 본성을 지니고 태어났습니다. 우리는 모두 죄를 짓는 경향이 있습니다. 그렇기 때문에 바울이 로마서 3장 23절에서 "모든 사람이 죄를 범하였으매 하나님의 영광에 이르지 못하더니"라고 말하는 것입니다. 우리는 결코 하나님의 율법을 온전하게 지킬 수 없습니다. 우리는 모두 목표점에 도달하지 못하기 때문입니다. 하나님이 우리에게

Notes

의도하신 방식대로 살지 못할 때, 우리는 그분의 율법을 깨뜨리는 것입니다. 죄는 우리를 하나님에게서 분리시킵니다. 하나님이 사랑하는 율법을 깨뜨리는 것은 죽음과 파멸로 이끕니다. 하나님은 죄를 벌하실 것이라고 성경에 분명하게 선언하셨기 때문입니다.

아이들에게 유죄로 인정할 만한 죄의 종류를 말해 보라고 하십시오.

요한일서 3장 4-10절을 읽으십시오. 아이들이 말씀을 함께 읽을 수 있도록 성경을 준비하십시오.

아이들에게 요한과, 그가 소아시아(오늘날 터키 지역)에 있는 교회에 쓴 첫 번째 편지를 소개해 주십시오. 요한은 하나님의 백성이 하나님을 영화롭게 하는 방식대로 살도록 도와주기 위해 이 편지를 썼습니다.

요한은 편지를 받을 사람들에게 그들이 죄를 범할 때마다 하나님의 율법을 깨뜨리는 것이라고 새겨 주고 있습니다.

죄는 하나님 뜻이 아닌 자기 뜻대로 하기로 의식적으로 결정하는 것입니다. "하나님이 가장 잘 아시지"라고 말하는 것이 아니라 "내가 가장 잘 알아"라고 말하는 것입니다.

그러나 요한은 죄를 해결할 방법이 있다고 강조합니다! 죄 때문에 우리가 늘 하나님과 분리되어 있어야 한다거나 죽음과 파멸을 마주해야 하는 것은 아니라고 아이들에게 새겨 주십시오.

아이들에게 5절을 읽게 하고, 요한이 누구에 대해 쓴 것인지 알아보게 하십시오.

그분은 바로 예수님입니다! 오직 예수님만이 단번에 죄를 해결하실 수 있습니다. 인간은 더 바르게 살려고 노력할 수 있고, 하나님의 율법을 지키려고 애쓸 수 있습니다. 그러나 최고의 노력조차도 만족스럽지 못합니다. 그러나 예수님은, 결코 죄를 지은 적이 없는 유일한 분이신 그분은 우리 죄를 해결하실 수 있습니다. 예수님은 하나님의 율법을 깨뜨린 적이 결코 없으며, 하나님과 상관없이 살아가신 적도 없습니다. 그분은 한 번도 "나는 하나님 뜻이 아니라 내 뜻대로 할 거야"라고 생각하신 적이 없습니다. 그분은 하나님께 순복하셨으며, 행하시는 것과 생각하시는 것 모두 완전하셨습니다. 그분의 완전하심 때문에 그분만이 우리와 하나님의 관계를 회복하시고 우리가 받을 형벌과 죽음, 파멸을 감당하실 수 있었습니다. 이 완전한 예수님이 십자가에서 죽으셔서 우리 죄가 치러야 할 형벌을 대신 감당하셨습니다.

예수님이 십자가에서 죽으셨을 때, 죄를 용서받고 하나님과 관계를 맺는 길을 만드셨습니다. 우리가 예수님께 용서를 구할 때, 위대한 맞바꿈이 일어납니다. 예수님이 우리 죄를 짊어지시고, 그분의 완전하심(때로 이것을 "그리스도의 의"라고 설명합니다)이 우리에게 주어집니다. 우리가 예수님을 믿을 때, 하나님과의 관계를 바로잡을 수 있습니다.

우리가 **그분 안에** 있다면, 그리스도 때문에 용서받고 의로워진다면, 우리 방식대로 살기 위해 죄를 사랑하던 우리 마음은 분명 사라

Notes

질 것입니다. 그리스도 안에서 우리를 용서하신 하나님께 크나큰 사랑과 감사를 드리는 마음에서 우리는 예수님처럼 살아가려고 노력할 것입니다. 우리는 죄 짓기를 멈추지 못하지만, 더 이상 죄를 사랑하지는 않을 것입니다.

이것은 마치 운동선수가 소속 팀을 바꾸는 것과 같습니다. 선수는 옛 팀의 유니폼과 팀가, 응원가, 훈련 방식을 버리고 새로운 팀으로 옮겨 갑니다. 새로운 팀의 유니폼을 입고, 그 팀의 방식을 배웁니다. 때로 그들은 예전 방식으로 돌아가기도 하지만, 새로운 팀의 선수로 행동하려고 노력할 것입니다.

아이들이 문16과 답을 기억하도록 도우면서 수업을 마치십시오.

이 내용은 단순히 수업 지도를 위한 것입니다. 가르치는 아이들과 상황에 따라 이 내용을 확장하거나 수정하십시오. 여러분의 말로 여러분의 이야기를 쓰십시오. 그리고 아이들에게 적절하게 응용할 만한 예화나 적용을 추가하십시오.

활동

아이들에게 간증을 나눠 줄 사람을 초대하거나, 적절한 기독교 간증을 담은 영상을 보여 주십시오.

죄가 끼치는 막대한 영향과, 오직 예수님 안에서만 찾을 수 있는 구원과 회복에 초점을 맞추도록 독려하십시오.

토론과 질문

아이들은 다음과 같은 질문을 할 수도 있습니다.

? 어떤 죄는 다른 죄보다 더 나쁘지 않나요?

그렇지 않습니다! 하나님은 어느 죄든 모두 싫어한다고 선언하셨습니다.

? 예수님께 용서를 구하지 않는 사람은 어떻게 되나요?

하나님과의 관계를 바로잡는 유일한 길은 예수님께 용서를 구하는 것입니다. 죄를 회개하지 않고 하나님께 용서를 구하지 않는 사람은 영원히 그분과 분리될 것입니다.

다음 질문을 통해 아이들이 자신의 삶을, 그리고 이 교리문답이 각자에게 어떻게 영향을 줄지를 생각하도록 도와주십시오.

- 개인적으로 죄를 회개하고 예수님께 용서를 구한 적이 있습니까?

문16 | 죄는 무엇입니까?

- 하나님을 영화롭게 하는 방식으로 살려고 애쓰고 있습니까?
- 죄를 짓거나 죄를 저지르고 싶은 유혹에 빠지는 특정한 때가 있습니까?

Notes

덕목 찾기

용서

아이들에게 용서받는다는 것이 어떤 의미인지 생각해 보라고 하십시오. 먼저 집이나 학교에서 용서를 받은 개인 경험에 초점을 맞추어 보십시오. 그러고 나서 아이들에게 예수님의 십자가 죽음 때문에 그리스도인이 받은 용서가 얼마나 엄청난 것인지 생각해 보라고 하십시오. 하나님이 베푸신 놀라운 자비와 은혜를 아이들에게 새겨 주십시오.

아이들에게 용서받았다는 것이 다른 사람과 친구, 친척, 심지어 사이가 나쁜 사람과의 관계에 어떤 영향을 끼치는지 생각해 보게 하면서 수업을 마무리하십시오. 예수님 안에서 엄청난 용서를 받았다면, 우리가 다른 사람을 용서하지 않을 권리를 가질 수 있을까요?

아이들에게 교실 곳곳으로 퍼지라고 하십시오. 아이들은 용서와 관련된 서로 다른 세 가지 자세를 취하는 동상이 될 것입니다. 아이들이 취할 자세들을 읽어 주고, 아이들이 생각해 볼 수 있도록 시간을 주십시오. "시작"이라고 말하면, 아이들은 자세를 취해야 합니다. 세 가지 동상의 모습은 다음과 같은 사람을 보여 줍니다.

- 용서가 필요한 사람
- 용서받은 사람
- 다른 사람을 용서하는 사람

암송 활동

앞서 사용한 신문들을 다시 준비하십시오.

아이들과 함께 암송 구절이나 교리문답의 답을 몇 번 읽으십시오.

아이들에게 신문들을 나눠 주고, 암송 구절이나 교리문답의 답에 있는 단어들을 찾아서 오리고 순서대로 나열하라고 하십시오.

아이들이 한 단어로 정확하게 찾지 못한다면, 글자를 따로 찾아서 결합할 수 있습니다. 아이들이 암송 구절 짜깁기를 다 완성하면, 함께 암송 구절을 여러 번 말해 보라고 하십시오. 구절에서 단어를 하나씩 제거하여 아이들이 암송 구절이나 교리문답의 답을 암송하도록 도우십시오.

Notes

⑤ 마치는 기도

펜과 종이를 준비하여 아이들에게 나눠 주십시오.

죄를 지어 잘못했다고 하나님께 고백하는 회개 기도를 써보게 하십시오. 아이들에게 그 기도문을 집으로 가져가게 하십시오.

문17

우상 숭배는 무엇입니까?

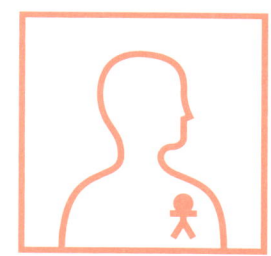

답

**우상 숭배는
창조주가 아닌 피조물에 맡기는 것입니다.**

핵심 개념
우상 숭배는 창조주이신 하나님보다 창조된 세상에 있는 것을 더 사랑하는 것이다.

목적
아이들의 마음은 하나님보다 이 땅에 있는 것을 더 사랑하고 소중히 여기도록 유혹받을 수 있다는 것을 아이들이 이해하도록 돕는다.

성경 본문
로마서 1장 18–25절

암송 구절
"하나님을 알되 하나님을 영화롭게도 아니하며 감사하지도 아니하고 오히려 그 생각이 허망하여지며 미련한 마음이 어두워졌나니 …… 이는 그들이 하나님의 진리를 거짓 것으로 바꾸어 피조물을 조물주보다 더 경배하고 섬김이라"(롬 1:21, 25).

핵심 덕목
기쁨

Notes

기억하십시오

아이들은 특히 세상의 유혹에 민감합니다. 그래서 흥미로워 보이고 엄청난 것을 약속하는 듯한 피조물들에 눈을 돌리고 유혹에 넘어갈 수 있습니다. 이번 교리문답의 질문은 아이들이 우상 숭배가 무엇인지 더 온전히 이해하고, 창조주가 아닌 피조물을 섬기는 유혹에 빠지지는 않았는지 생각해 보도록 도울 것입니다. 아이들의 우상이 무엇인지를 알아채기란 비교적 쉽습니다. 아이들은 온통 그것에 마음을 빼앗겨 꼼짝 못하기 때문입니다. 아이들이 영적으로 성숙하는 가장 좋은 길은 자기 마음을 살펴 자신만의 우상을 발견하는 것입니다.

아이들에게 우상이 될 만한 것은 매우 많습니다. 잠재적인 우상들을 나열할 때는 조심하십시오. 인도자가 작성하는 목록은 분명 완전하지 않기 때문입니다! 자신의 특정한 우상이 거론되지 않으면 아이들은 재빨리 자신을 변명합니다.

수업을 계획하고 가르칠 때 기억할 것들

- 아이들은 모두 예배자입니다. 아이들은 하나님이 아니면 우상을 예배하기 때문입니다.
- 우상 숭배라는 개념을 처음 들어 보는 아이들도 있을 것입니다.
- 어떤 아이들은 개인적인 우상을 매우 강하게 의식하고 자신이 죄를 짓고 있다는 죄책감에 부담을 느낄지도 모릅니다.
- 개별적인 도움 없이는 자신의 마음을 잘 살피지 못하는 아이들도 있을 것입니다.
- 인도자는 자신이 정한 시간 계획에 맞추어 이 문답에 있는 활동을 섞거나 수정할 수 있습니다(학습 계획을 예시한 13쪽을 참조하십시오). 그 요소들을 모두 할 시간이 없을지도 모릅니다. 여러분이 가르치는 아이들의 강점과 약점에 따라 각 활동을 자유롭게 응용하십시오.

기도하십시오

위대하신 하나님, 가치 없는 다른 모든 우상보다 하나님을 더 사랑하고 경배하게 도와주십시오. 오직 하나님에게서만 기쁨과 만족을 찾길 기도합니다. 제 삶에서 우상을 숭배하고 싶어 하는 영역이 어디인지 깨닫게 해주시고 하나님을 떠나지 않도록 저를 지켜 주십시오. 아이들이 이번 문답을 잘 이해하게 해주십시오. 아이들이 하나님을 삶의 주인으로 사랑하고 섬기고, 가치 없는 우상에게서 벗어나길 기도합니다. 예수님의 이름으로 기도합니다. 아멘.

문17 ｜ 우상 숭배는 무엇입니까?

준비하십시오

- 화이트 보드와 펜
- 가방 또는 상자
- 매직펜
- "문17 생각 풍선"(자료집), 아이 수만큼
- 축소형 장난감
- 쟁반
- 천
- 종이
- "문17 만화판"(자료집), 아이 수만큼
- 접착 메모지

Notes

교리문답 정리

화이트 보드에 가로 세로 4×4 격자판을 그리십시오. 화이트 보드에 점수를 적을 공간을 남겨 두십시오. 가방에는 1부터 16까지 숫자가 적힌 종이들을 넣으십시오.

아이들을 몇 팀으로 나누고, 팀 이름을 지어 보라고 하십시오. 점수판을 세우십시오. 각 팀에게 가방에서 숫자를 하나씩 뽑게 하십시오. 어떤 숫자를 뽑았는지는 보여 주지 마십시오! 팀에서 숫자를 뽑을 때마다 격자판에 그 숫자를 적도록 하십시오. 아이들은 숫자에 해당하는 교리문답의 질문을 기억하면 10점을, 질문과 답을 모두 기억하면 20점을 얻게 됩니다. 격자가 숫자로 모두 채워지거나 시간이 다 될 때까지 이 과정을 반복하십시오. 가장 높은 점수를 얻은 팀이 우승합니다.

문17 소개

아이마다 "문17 생각 풍선"(자료집) 한 장과 매직펜 몇 자루를 나눠 주십시오.

아이들에게 자주 하는 생각이나 공상이 어떤 것인지 물어보십시오. 그리고 생각 풍선에 자신의 답을 쓰거나 그려 보라고 하십시오.

- 미래에 대해 자주 생각하나요?
- 자신이 사고 싶어 하는 것을 자주 생각하나요?
- 어떤 사람에 대해 자주 생각하나요?

자신이 자주 공상하는 것은 때로 자신의 마음에 관한 것을 보여 줄 수 있다고 아이들에게 말해 주십시오.

문17을 읽어 주십시오. "우상 숭배는 무엇입니까?" 우상 숭배란 하나님보다 다른 무언가를 더 사랑하는 것이라고 아이들에게 설명하십시오. 우상은 우리 삶에서 하나님의 자리를 대신

Notes

차지하고 있는 것입니다. 위대하신 창조주 하나님 대신 그것 또는 그 사람에게서 기쁨과 만족을 찾습니다. 알든 모르든, 우리는 모두 우상을 가지고 있습니다.

우리가 빠지는 공상을 분석하는 일은 때로 우리가 하나님보다 더 사랑하고 신뢰하고 싶어 하는 것이 무엇인지 아는 데 도움이 될 수 있습니다. 우리가 우상으로 삼고 있는 것은 보통 나쁜 것이 아닙니다. 그 우상이 자신이 있어야 할 자리에서 벗어나 하나님의 자리를 차지할 때, 우리에게 해를 끼칩니다.

활동

사람들이 우상으로 삼고 싶어 하는 것들을 모아 보십시오. 축소형 장난감들을 많이 모아 놓으면 이 활동이 더 원활할 것입니다. 예를 들어 인도자는 장난감 자동차나 인형 옷들을 활용할 수 있습니다. 다음과 같은 것을 대신할 만한 장난감들을 찾아보십시오.

돈	유명 인사	모험
교육	자동차	기술
음식	패션	집
스포츠	사랑	여행
친구		

아이들에게 종이와 매직펜을 하나씩 나눠 주십시오.

이 활동은 이 시대에 잠재적인 우상들이 무엇인지를 생각해 보도록 도와줄 것입니다.

쟁반이나 탁자에 대표적인 품목들을 올려놓고 천과 같은 덮개로 가려 놓으십시오. 30초 동안 덮개를 걷어 아이들에게 탁자에 있는 품목들을 살펴보라고 하십시오. 그러고 나서 다시 천으로 덮으십시오. 정해진 시간 동안 아이들에게 기억나는 것을 되도록 많이 적어 보게 하십시오.

다시 천을 벗긴 후, 아이들이 기억한 품목이 얼마나 많은지 확인하게 하십시오. 이 품목들은 오늘날 이 세상 사람들이 우상으로 삼거나 하나님 자리에 두는 것들을 대표합니다. 이러한 것들을 우상으로 삼는 사람들은 결코 이것들을 잊지 못합니다. 그들은 이것들을 사랑하고, 이것이 그들에게 영원한 행복을 가져다 줄 것이라는 잘못된 믿음을 품고 있기 때문입니다. 깊이 사랑하는 것은 결코 사람의 마음에서 떠나지 않습니다.

(이러한 것들 중 어떤 것도 그 자체로는 나쁘지 않습니다. 이러한 것들이 우리 삶에서 하나님의 자리를 대신할 때에만 문제가 될 수 있습니다.)

문17 | 우상 숭배는 무엇입니까?

수업 개요

수업을 시작하면서 하나님께 도움을 구하십시오. 자신이 이번 문답을 신실하게 가르치게 해 달라고, 아이들이 잘 듣게 해달라고 간구하십시오.

우리는 성경에서 하나님을 떠나 우상을 섬기는 사람을 많이 볼 수 있습니다. 그들은 창조주이신 하나님을 거부하고 피조물을 택했습니다. 오늘날에는 사람들이 금송아지와 같은 것을 경배하지 않지만 여전히 창조주가 아닌 피조물을 경배하는 경향이 있습니다.

우리는 모두 예배자라는 사실을 아이들에게 분명하게 말하십시오. 우리는 예배하기 위해 창조되었습니다. 우리가 하나님을 우리 삶의 우선순위로 예배하지 않는다면, 다른 무언가나 다른 누군가를 예배할 것입니다.

오늘날 지배적인 문화가 아이들을 어떻게 우상 숭배로 이끄는지 알아보게 하십시오.

우상은 사람들이 애정을 쏟는 대상입니다. 사람들이 돈을 쓰는 것이나 시간을 보내는 곳일 수 있습니다. 우상을 향한 열정은 이 세상에서 뚜렷하게 볼 수 있습니다. 슬프거나 외롭다고 느낄 때, 또는 걱정에 휩싸일 때 사람들이 향하는 곳일 수 있습니다. 사람들은 우상이 자신을 더 좋게 만들어 준다고 믿습니다. 그리고 진정한 행복을 안겨 줄 것이라고 잘못 생각합니다.

사람들은 누구나 사랑과 충성을 쏟는 누군가나 무언가가 있습니다. 그러나 하나님은 모든 사람의 삶에서 우선순위가 되길 바라신다는 것도 아이들에게 새겨 주십시오. 하나님은 자신이 창조한 피조물에 밀려 둘째 자리로 떨어지는 것을 바라지 않으십니다!

로마서 1장 18-23절을 읽으십시오. 아이들이 말씀을 함께 읽을 수 있도록 성경을 준비하십시오.

바울이 누구이고 누구에게 편지를 썼는지 기억하느냐고 아이들에게 물어보십시오.

이 성경 본문에서 바울은 로마인들에게 하나님의 진노가 나타난다고 말하고 있습니다. 하나님은 자신을 영화롭게 하지 않고, 서로 사랑하지 않으며, 하나님의 존재를 인정하지 않는 사람들과 세상을 보시고 진노하십니다. 위대하신 창조주 하나님이 계시다는 것을 보여 주는 증거가 이 세상에 엄청나게 많이 있는데도 그들은 하나님의 존재를 인정하지 않는 것입니다.

22-23절에서 바울은 썩어지지 아니하는 하나님이 아닌 우상을 섬기는 사람들을 두고 어리석다고 말합니다! 하나님도 우상을 섬기는 사람들을 그렇게 생각하십니다. 우리가 하나님보다 돈을 더 사랑한다면, 하나님은 우리를 어리석다고 생각하십니다. 하나님보다 스포츠를 더 사랑한다면, 하나님은 우리를 어리석다고 생각하십니다. 하나님보다 배우는 것을 더 사랑한다면, 하나님은 우리를 어리석다고 생각하십니다.

하나님은 사랑이 많으신 분이지만, 또한 질투하는 분이기도 합니다. 그분은 우리 삶에서

Notes

Notes

우선순위가 되길 바라십니다. 그것이 우리에게 가장 좋은 길이기 때문입니다. 하나님은 우리가 오직 그분에게서만 기쁨과 만족과 소망을 찾길 바라십니다. 또한 우리가 피조물을 경배하고 사랑할 때, 25절 말씀처럼 진리를 거짓 것으로 바꾸는 것임을 깨닫길 바라십니다. 거짓은 하나님이 아닌 다른 것이 우리를 만족시킬 수 있고, 하나님이 아닌 다른 것이 우리를 구원할 수 있다는 것입니다.

아이들에게 자신의 마음을 다시 한 번 살펴보라고 하십시오. 자신의 삶에 하나님과 경쟁하는 것이 있다고 생각한다면, 정직하게 회개하도록 아이들을 독려하십시오.

아이들이 문17과 답을 기억하도록 도우면서 수업을 마치십시오.

이 내용은 단순히 수업 지도를 위한 것입니다. 가르치는 아이들과 상황에 따라 이 내용을 확장하거나 수정하십시오. 여러분의 말로 여러분의 이야기를 쓰십시오. 그리고 아이들에게 적절하게 응용할 만한 예화나 적용을 추가하십시오.

활동

우리가 섬기는 우상이 무엇인지 알아내는 한 가지 방법은 빼앗겼을 때 우리를 화나게 하는 것이 무엇인지를 물어보는 것입니다. 장난감을 두고 형제자매와 싸운 적이 있나요? 다른 사람을 두고 친구와 싸운 적이 있나요? 이러한 것들은 잠재적인 우상이라는 단서가 될 수 있습니다. "문17 만화판"(자료집)을 복사하여 아이들에게 한 장씩 나눠 주십시오. 아이들에게 누군가가 싸움을 시작하고 나서 자신이 누군가 또는 무언가를 우상으로 삼고 있었다는 것을 깨닫는 이야기를 만화 형식으로 그려 보게 하십시오.

토론과 질문

아이들은 다음과 같은 질문을 할 수도 있습니다.

? 하나님이 우상이 될 수 있는 것을 모두 말씀해 주신 건가요?

그렇지 않습니다. 어디에도 우상을 완전하게 알려 주는 목록은 없습니다. 그렇기 때문에 자기 마음을 살펴서 하나님보다 더 사랑하는 것이 무엇인지 분별하는 일이 중요합니다.

? 하나님에게서 기쁨과 만족을 발견한다는 것이 무슨 뜻인가요?

참된 행복과 만족은 오직 하나님과 맺은 관

문17 | 우상 숭배는 무엇입니까?

Notes

계에서만 발견할 수 있습니다. 우리가 그렇게 창조되었기 때문입니다. 그 어떤 것도 우리에게 영원한 행복과 만족을 가져다줄 수 없습니다.

? 하나님은 우상 숭배를 벌하시나요?

하나님은 모든 사람의 삶에서 우선순위가 되길 바라시며 그분 앞에서 다른 신을 예배하는 사람을 벌하십니다. 우상 숭배를 회개하고 하나님께 용서를 구한다면, 하나님은 우리를 용서해 주십니다.

다음 질문을 통해 아이들이 자신의 삶을, 그리고 이 교리문답이 각자에게 어떻게 영향을 줄지를 생각하도록 도와주십시오.

- 우상은 늘 실망을 안겨 준다는 사실을 알고 있나요?
- 온 마음을 다해 하나님을 사랑한다는 말이 무슨 뜻인지 이해하고 있나요?
- 우상 숭배에 대한 유혹을 어떻게 떨쳐 버릴 수 있나요?

덕목 찾기

기쁨

로마서 15장 13절을 읽으십시오. "소망의 하나님이 모든 기쁨과 평강을 믿음 안에서 너희에게 충만하게 하사 성령의 능력으로 소망이 넘치게 하시기를 원하노라."

세상이 우리에게 기쁨과 행복을 발견하게 될 것이라고 말하는 모든 방법과 장소를 아이들에게 다시 이야기해 주십시오. 로마서 15장 13절을 다시 읽으면서 기쁨이 어디에서 오며 기쁨을 주시는 유일한 분이 누구이신지를 아이들에게 분명히 알려 주십시오.

기쁨이 하나님에게서 온다는 것과 그분이 우리를 기쁨으로 채우실 것을 아는 것이 우리 삶을 어떻게 바꿀지 아이들에게 물어보십시오.

- 외부의 창조된 것들이 기쁨을 줄까요?
- 기쁨은 상황에 따라 다른가요? 다시 말해서 우리는 힘든 시기에도 하나님의 선하심을 기억하며 기쁨을 선택할 수 있나요?
- 모든 그리스도인이 기쁨을 경험할 수 있나요?

Notes

암송 활동

접착 메모지에 암송 구절이나 교리문답의 답을 한 단어씩 적으십시오. 아이마다 같은 단어가 적힌 접착 메모지를 여러 장 나눠 주십시오. 아이가 많다면 단어 세트를 여러 개 준비해야 합니다.

아이마다 접착 메모지를 나눠 주십시오. 그러고 나서 아이들에게 이마에 메모지를 붙이라고 하십시오. 아이들이 암송 구절이나 교리문답의 답을 잘 이해하여 순서대로 서게 하십시오. 각자 이마에 붙인 단어를 큰 소리로 읽게 하고, 그 다음에는 암송 구절이나 교리 문답의 답을 함께 읽으십시오.

마치는 기도

아이들이 다른 어느 것보다 하나님을 사랑하고, 우상을 섬기고 싶어 할 때는 깨닫도록 도와달라고 하나님께 간구하도록 독려하십시오.

문18

하나님은 우리의 불순종과 우상 숭배를 벌하지 않으십니까?

답

**아닙니다.
하나님은 우리의 죄에 의로운 분노를 보이셔서
이 땅의 삶과 다가올 삶 모두에서
그 죄들을 벌하실 것입니다.**

핵심 개념
하나님은 자신을 거스르는 죄를 지은 모든 사람을 심판하고 벌하신다.

목적
하나님은 모든 사람을 심판하시며 그분을 거슬러 죄를 짓는 사람을 벌하신다는 것을 아이들이 이해하도록 돕는다.

성경 본문
에베소서 5장 5-14절

암송 구절
"너희도 정녕 이것을 알거니와 음행하는 자나 더러운 자나 탐하는 자 곧 우상 숭배자는 다 그리스도와 하나님의 나라에서 기업을 얻지 못하리니 누구든지 헛된 말로 너희를 속이지 못하게 하라 이로 말미암아 하나님의 진노가 불순종의 아들들에게 임하나니"(엡 5:5-6).

핵심 덕목
경외

Notes

기억하십시오

오늘날 많은 사람이 하나님 말씀과 그분의 기준과 다르게 살아가고 있다는 것은 아이들의 눈으로 봐도 명백합니다. 아이들에게는 이러한 사람들이 굉장한 삶을 누리고 있는 것처럼 보일지도 모릅니다. 그들은 하나님의 자리를 차지한 우상을 따라 자신이 원하는 대로 살아가고 있습니다. 아이들은 사람들이 어떻게 이러한 삶을 살아갈 수 있는지 궁금할 것입니다. 하나님이 그런 삶을 허락하신 걸까요? 하나님께 불순종해도 아무런 영향을 받지 않는 걸까요? 이처럼 눈에 보이는 결과가 없기 때문에 어떤 아이들은 쉽게 현혹될지도 모릅니다!

이번 문답은 하나님이 죄와 우상 숭배를 미워하시며 그분을 등진 사람들에게 모두 심판과 처벌을 내리신다는 것을 성경에 분명하게 말씀하셨다는 것을 아이들이 이해하도록 도울 것입니다. 이번 문답의 목적은 하나님께 불순종하는 사람들을 하나님이 어떻게 다루시는지를 더 깊이 이해하도록 돕고, 아이들이 아직 복음에 반응하지 않은 사람들에게 관심을 기울이도록 독려하는 것입니다.

수업을 계획하고 가르칠 때 기억할 것들

- 어떤 아이들에게는 이번 문답이 어렵고 염려스러운 주제일지 모릅니다. 특히 부모님과 친구들이 그리스도인이 아니라면 더욱 그럴 것입니다. 아이들은 하나님이 어떤 식으로 벌하시는지 궁금할 것입니다.
- 공의와 심판, 형벌의 개념을 설명할 때는 지혜가 필요합니다. 하나님은 공의로운 심판자라는 사실을 제대로 이해하도록 신중하게 설명하십시오.
- 세상 사람들은 영원한 형벌이라는 개념이 터무니없다고 생각할 것입니다.
- 인도자는 자신이 정한 시간 계획에 맞추어 이 문답에 있는 활동을 섞거나 수정할 수 있습니다(학습 계획을 예시한 13쪽을 참조하십시오). 그 요소들을 모두 할 시간이 없을지도 모릅니다. 여러분이 가르치는 아이들의 강점과 약점에 따라 각 활동을 자유롭게 응용하십시오.

기도하십시오

은혜로우신 하나님, 예수 그리스도를 통해 용서를 알게 하시고, 이제 하나님과 관계 맺은 삶을 살게 하셔서 고맙습니다. 순종하는 삶을 통해 하나님을 영화롭게 하도록 저를 도와주십시오. 아이들이 이번 문답을 잘 이해하게 해 주십시오. 아이들이 자신의 삶에서 하나님께 불순종하는 영역이 어디인지를 깨닫길 기도합니다. 또한 우리 모두 하나님을 알지 못하는 사람들에게 더욱 관심을 쏟게 해주십시오. 예수님의 이름으로 기도합니다. 아멘.

문18 | 하나님은 우리의 불순종과 우상 숭배를 벌하지 않으십니까?

준비하십시오

- 숫자 1부터 17까지 하나씩 프린트한 종이
- 신문이나 텔레비전 뉴스에서 보도한 범죄 기사
- 판사봉
- 매직펜
- 작은 종이
- 큰 종이

Notes

교리문답 정리

숫자 1부터 17까지 각각 종이에 프린트하여 교실 바닥에 숫자가 안 보이도록 뒤집어 놓으십시오. 아이 수가 스무 명 이하라면 더 적은 숫자를 프린트하십시오. 아이들이 18명이라면, 숫자를 1부터 15까지 프린트하고, 아이들이 10명이라면, 숫자를 1부터 7까지 프린트하는 방식으로 준비합니다.

벽을 따라 아이들을 줄을 세우십시오. 인도자가 "시작!"이라고 외치면 아이들은 일제히 달려 나가 종이 위에 서게 하십시오. 서 있을 종이를 찾지 못한 아이는 교실 한쪽에 서 있어야 합니다. 아이들에게 종이에 어떤 숫자가 적혀 있는지 확인하게 하십시오. 숫자에 해당하는 교리문답의 질문과 답을 기억할 수 있다고 생각하는 아이는 그 자리에 계속 서 있을 수 있습니다. 그러나 기억하지 못한다면, 교실 한쪽에 서 있는 아이들 중 한 명과 자리를 바꿔야 합니다. 몇몇 아이에게 자신의 숫자에 해당하는 교리문답의 질문과 답을 암송해 보라고 하십시오. 이 놀이를 반복하되, 종이 수를 조금씩 줄이십시오. 시간이 허락하는 한 많은 질문을 암송시켜 보십시오.

문18 소개

범죄 사건을 자세히 설명하고 그 범죄의 가해자를 보여 주는 기사를 몇 개 준비하십시오.

아이들에게 범죄와 관련된 기사를 보여 주거나 읽어 주십시오. 그리고 범죄자를 처벌해야 할지 아이들에게 물어보십시오. 범죄자를 처벌해야 한다고 생각한다면 그 이유를 물어보십시오.

아이들에게 특정한 일에 대해 벌을 받은 적이 있는지 물어보십시오. 그리고 그 벌이 정당했다고 생각하는지 물어보십시오.

두 경우 모두 벌을 받은 이유는 법을 어겼기 때문이라는 것을 아이들에게 설명하십시오.

문18을 읽어 주십시오. "하나님은 우리의 불

Notes

순종과 우상 숭배를 벌하지 않으십니까?" 하나님은 죄와 우상 숭배를 미워하신다는 것을 아이들에게 새겨 주십시오. 이번 질문은 하나님이 그분의 세상에서 일어난 모든 죄와 우상 숭배를 어떻게 다루시는지를 아이들이 이해하도록 도와줄 것입니다. 때로 하나님은 아무것도 하시지 않는 것처럼 보이고, 불순종하고 우상 숭배하는 사람들을 내버려 두신다는 것을 인정하십시오. 그러나 하나님은 그러한 사람들에게 어떤 것을 행하실 것이라고 아이들에게 강조하십시오.

활동

지금부터 법정에 있다고 가정하자고 아이들에게 말하십시오. 아이들 중에 피고, 경위, 변호사를 한 명씩 정하십시오. 검사를 한 명 정하십시오. 마지막으로 판사를 맡을 아이를 정하고, 그 아이에게 판사봉을 주십시오. 법정처럼 의자와 탁자를 배치하고, 배역을 맡지 않은 아이들은 청중 역할을 하게 하십시오(이 법정에는 배심원이 없습니다).

피고측 변호사를 맡은 아이에게 법정에서 자신의 역할이 무엇인지를 물어보십시오. 검사 역할을 맡은 아이에게도 자신의 역할이 무엇인지 물어보십시오. 경위과 피고인, 그리고 판사에게도 동일하게 물어보십시오. 판사 역할은 (배심원이 없는 경우에) 증거에 근거하여 피고인이 무죄인지, 유죄인지를 결정하는 것입니다. 피고가 유죄라면, 판사는 피고에게 어떤 형벌을 내릴지 결정해야 합니다.

성경은 하나님이 그분께 불순종하는 자들을 벌하신다고 분명하게 말하고 있다는 것을 아이들에게 설명해 주십시오. 하나님은 공의로우신 하나님이며, 그분을 거슬러 죄를 지은 사람은 누구든 그에 합당하게 다루실 것입니다.

수업 개요

수업을 시작하면서 하나님께 도움을 구하십시오. 자신이 이번 문답을 신실하게 가르치게 해달라고, 아이들이 잘 듣게 해달라고 간구하십시오.

역사를 살펴보면 오늘날에 이르기까지 세계 곳곳에서 처벌이 있었다는 것을 관찰할 수 있습니다. 범죄를 저지른 사람들은 늘 벌을 받았습니다.

우리는 보통 정의라는 개념을 좋아합니다. 다만 때로 그 정의가 우리 자신에게 적용될 때를 제외하고 말입니다. 우리는 공의로우신 하나님의 형상대로 지어졌기 때문에 우리 역시 정의가 이기는 모습을 보길 바라는 것은 당연합니다.

문18 | 하나님은 우리의 불순종과 우상 숭배를 벌하지 않으십니까?

Notes

하나님은 참으로 공의로우시며, 성경은 하나님이 그분께 불순종하고 우상을 섬기는 사람들을 벌하신다고 분명하게 말하고 있습니다. 물론 하나님은 마음을 보시는 분입니다. 그렇기 때문에 그분은 누군가가 불순종과 우상 숭배로 유죄를 받아야 하는지를 온전히 아실 수 있는 유일한 분입니다.

비록 많은 사람이 하나님을 믿지 않고 우상을 섬기면서도 잘 살고 있다고 생각하지만, 실제로는 그렇지 않습니다. 하나님은 그분의 주권과 거룩, 선하심을 거스르는 모든 죄를 보고 계시며 벌하실 것입니다.

에베소서 5장 5-14절을 읽으십시오. 아이들이 말씀을 함께 읽을 수 있도록 성경을 준비하십시오.

바울이 에베소 교인들에게 보낸 편지를 아이들에게 소개해 주십시오. 바울은 에베소에 있는 그리스도인들이 하나님의 가족에 합당한 삶을 살도록 독려하고 있습니다. 그는 에베소 교인들에게 옛 생활을 벗어 버리고 새로운 삶을 입으라고 격려하고 있습니다. 바울은 그들에게 반드시 심판과 형벌이 있다는 사실을 설명하면서 하나님을 영화롭게 하는 거룩한 삶을 살도록 독려하고 있습니다.

5절에서 바울은 "너희도 정녕 이것을 알거니와"라고 말합니다. 이 말은 "정말입니다, 여러분. 이 일은 분명히 일어날 것입니다. 하나님을 무시하고 우상을 사랑하며 살아가는 사람은 누구도 하나님의 진노와 심판을 피할 수 없습니다"라는 뜻입니다.

바울은 편지를 받은 사람들에게 "누구든지 헛된 말로 너희를 속이지 못하게 하라"고 말합니다. 하나님이 계시지 않다고 말하는 사람들이 있다는 것을 바울은 알고 있었기 때문입니다. 또 어떤 이들은 이렇게 말합니다. "걱정하지 마. 하나님은 사랑의 하나님이어서, 누구도 심판하거나 벌하지 않으실 거야. 분명히 모든 사람이 천국에서 하나님과 함께 영원한 삶을 살게 될 거야." 바울은 이 말이 절대 사실이 아니라고 경고합니다! 6절 끝부분에서 바울은 하나님의 진노가 불순종의 아들들에게 임한다고 말합니다.

에베소서 5장 5-14절은 분명하게 경고합니다. 그러나 그리스도를 신뢰하는 사람들은 그리스도를 통해 구원을 얻을 때 일어난 위대한 맞바꿈에 대해 감사할 수 있습니다. 우리는 예수님의 의를 얻고, 하나님과 화목케 되었습니다. 예수님이 자신의 육신에 우리의 모든 죄를 짊어지시고, 우리 대신 하나님의 진노를 감당하셨습니다. 그에 대한 반응으로 우리는 우리 삶에서 감사하는 찬양을 부르며, 우상 숭배와 불순종에 맞서 싸워야 합니다.

이후 몇 구절에서 바울은 그리스도인으로서 우리가 하나님의 가족에 합당한 삶을 살고, 빛의 자녀로 행해야 한다고 상기시킵니다. 이것은 우리 삶이 착함과 의로움, 진실함의 빛을 발해야 한다는 뜻입니다.

하나님의 최후 심판은 종말의 때에 있을 것입니다. 그때에 하나님은 그분을 거슬러 죄를 범하고 주 예수 그리스도의 복음의 진리를 거

Notes

부한 모든 사람을 벌하실 것입니다. 최후의 형벌은 하나님과 영원히 분리되어 영원히 벌을 받는 것입니다.

아이들이 문18과 답을 기억하도록 도우면서 수업을 마치십시오.

이 내용은 단순히 수업 지도를 위한 것입니다. 가르치는 아이들과 상황에 따라 이 내용을 확장하거나 수정하십시오. 여러분의 말로 여러분의 이야기를 쓰십시오. 그리고 아이들에게 적절하게 응용할 만한 예화나 적용을 추가하십시오.

활동

아이들에게 종이와 매직펜을 하나씩 나눠 주십시오.

아이들에게 누군가가 체포되어 법정에 설 만한 서너 가지 범죄를 적어 보게 하십시오. 그리고 나서 유죄를 선고받은 피고에게 적절한 처벌이라고 생각하는 것들을 적어 보게 하십시오.

이번에는 아이들에게 자신이나 친구가 저지른 서너 가지 잘못을 적어 보게 하십시오. 그리고 그 일들에 적절한 처벌을 적어 보게 하십시오. 부모님께 순종하지 않아서 받은 처벌과, 큰 범죄를 저지른 사람들이 받은 처벌 사이에 연관성이 있는지 아이들에게 물어보십시오.

죄는 반드시 처벌받게 되며, 처벌받아야 한다는 것을 이해할 때만, 우리가 마땅히 받아야 할 처벌을 피하게 된 일이 얼마나 놀랍고 감사한지 이해할 수 있다는 것을 아이들이 깨닫도록 도와주십시오.

토론과 질문

아이들은 다음과 같은 질문을 할 수도 있습니다.

? 심판은 언제 일어나나요?
최후의 심판은 예수님이 재림하시는 종말의 때에 있을 것입니다.

? 어떤 벌을 받게 되나요?
하나님과 분리되는 것이 바로 형벌입니다. 이 부분에 대해서는 문28에서 더 자세히 배울 것입니다.

? 그리스도인이 아닌 사람들에게는 어떤 일이 일어나나요?
사람들이 하나님과 어떤 관계를 맺었는지는 오직 하나님만이 아시고 이해하십니다.

문18 | 하나님은 우리의 불순종과 우상 숭배를 벌하지 않으십니까?

그러나 하나님이 계시지 않은 것처럼 살아간 사람들은 영원히 그분이 없는 삶을 경험할 것입니다.

다음 질문을 통해 아이들이 자신의 삶을, 그리고 이 교리문답이 각자에게 어떻게 영향을 줄지를 생각하도록 도와주십시오.

- 하나님의 위대하심을 충분히 이해하나요? 하나님의 위대하심을 생각할 때, 경외심으로 가득해지나요?
- 하나님의 공의를 이야기하는 방법으로서 이 세상이 사랑하는 정의를 어떻게 활용하나요?

Notes

덕목 찾기

경외

아이들에게 종이와 매직펜을 하나씩 나눠 주십시오.

이번 문답을 통해 나타난 하나님의 성품을 떠올려 보도록 아이들을 독려하십시오. 흠 없고 거룩하신 하나님을 거스르는 죄는 하나라도 엄청난 형벌을 받게 된다는 것에 대해 생각해 보라고 하십시오.

아이들에게 가해자로서 심판받아 본 적이 있는지 물어보십시오. 그때 어떤 느낌이었는지 물어보십시오. 하나님 앞에 자신이 서 있다고 상상한다면, 어떤 느낌일지 물어보십시오.

오늘 배운 내용을 하나님께 설명하는 짧은 편지를 써 보라고 하십시오. 아이들이 하나님의 능력과 공의에 초점을 맞추도록 도와주십시오. 하나님의 성품을 배울수록 우리는 그분을 더욱 경외하게 될 것임을 아이들에게 새겨 주십시오. 아이들이 그 편지를 집으로 가져가도록 독려하십시오.

암송 활동

큰 종이에 암송 구절이나 교리문답의 답을 적되, 띄어쓰기를 하지 말고 적으십시오.

아이들에게 암송 구절이나 교리문답의 답을 큰 소리로 읽어 주고, 띄어 써야 한다고 생각되는 부분에 표시를 해보라고 하십시오. 아이들과 함께 암송 구절이나 교리문답의 답을 몇 번 읽고 나서, 단어들을 가리십시오. 구절이나 답을 암송하고 싶은 아이가 있는지 물어보십시오.

Notes

⑤ 마치는 기도

하나님께 보내는 편지를 다시 한 번 조용히 읽어 보면서 하나님의 놀라우심에 감사드리도록 아이들을 독려하십시오.

문19

형벌을 면하고 다시 하나님의 은혜를 누릴 방법이 있습니까?

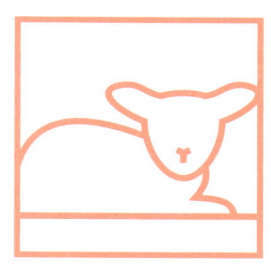

답

있습니다.
우리는 구속자에 의해 하나님과 화해하게 됩니다.

핵심 개념
하나님은 사람들이 자신과 관계를 회복할 수 있도록 준비하셨다.

목적
구속자이신 예수님을 통해 하나님의 은혜를 받는 길이 있다는 것을 아이들이 이해하도록 돕는다.

성경 본문
이사야 53장 10-11절

암송 구절
"여호와께서 그에게 상함을 받게 하시기를 원하사 질고를 당하게 하셨은즉 그의 영혼을 속건제물로 드리기에 이르면 그가 씨를 보게 되며 그의 날은 길 것이요 또 그의 손으로 여호와께서 기뻐하시는 뜻을 성취하리로다 그가 자기 영혼의 수고한 것을 보고 만족하게 여길 것이라 나의 의로운 종이 자기 지식으로 많은 사람을 의롭게 하며 또 그들의 죄악을 친히 담당하리로다"(사 53:10-11).

핵심 덕목
감사

Notes

기억하십시오

세상은 점점 공적인 생활에서 하나님을 없애고, 하나님이 이 세상에 친밀하게 간섭하실 뿐 아니라 그분의 모양과 형상대로 창조된 사람들과 관계를 맺길 바라신다는 생각을 무시하는 데 거침없어 보입니다. 이번 문답은 아이들이 죄의 심각성을 생각해 보도록 도울 것입니다. 아이들은 이번 문답에서 놀라운 기쁨과 소망, 평안을 발견할 것입니다. 또한 아이들에게 하나님은 다스리는 분이며 사람들이 다시 그분의 은혜를 누리게 할 계획을 가지고 계시다는 것을 새겨 줄 것입니다.

이번 문답의 목적은 그리스도인 아이들이 하나님 안에서, 그리고 예수님을 통한 그분의 구원 계획에서 확신과 소망을 굳건히 하는 것입니다. 또한 아직 믿지 않는 아이들에게 자신이 처한 상황의 실체를 주의 깊게 살펴보도록 도전할 것입니다.

수업을 계획하고 가르칠 때 기억할 것들

- 하나님이 형벌을 내리신다는 생각에 압도당하거나 두려워하는 아이도 있을 것입니다. 인도자는 이번 문답을 가르치는 동안 세심하게 보살피는 마음으로 아이들을 도우십시오.
- 모든 아이가 머릿속에 성경의 순서를 그리고 있지는 않을 수 있습니다. 인도자는 아이들이 성경의 순서를 이해하도록 도와주고, 이사야가 어디쯤 위치하는지 보여 주어야 할지도 모릅니다.
- 어떤 아이들은 복음 이야기에 매우 익숙해서 그 가치를 제대로 알지 못할 수도 있습니다. 그런 아이들이 하나님의 구원 계획을 마주할 때, 마음을 열고 새로운 감사를 경험하도록 애쓰십시오.
- 인도자는 자신이 정한 시간 계획에 맞추어 이 문답에 있는 활동을 섞거나 수정할 수 있습니다(학습 계획을 예시한 13쪽을 참조하십시오). 그 요소들을 모두 할 시간이 없을지도 모릅니다. 여러분이 가르치는 아이들의 강점과 약점에 따라 각 활동을 자유롭게 응용하십시오.

기도하십시오

저를 구원하신 하나님, 저처럼 가치 없는 죄인들을 위해 형벌과 죽음을 피할 길을 마련해 주셔서 고맙습니다. 십자가에서 죽기까지 자신을 낮추셔서 하나님의 은혜를 알고 누리게 하신 예수님, 감사합니다.

사랑이 많으신 하나님, 아이들이 이번 문답을 잘 이해하게 해주십시오. 아이들이 하나님의 구원 계획에 놀라워하고, 하나님의 사랑과 자비에 감사하길 기도합니다. 예수님의 이름으로 기도합니다. 아멘.

문19 | 형벌을 면하고 다시 하나님의 은혜를 누릴 방법이 있습니까?

준비하십시오

- 탁구공
- 가방 또는 케이지 빙고
- 흰 종이
- 매직펜
- 두꺼운 종이 또는 판지

Notes

교리문답 정리

탁구공에 숫자를 5부터 15까지 적고, 가방이나 상자에 넣으십시오. 여유가 된다면, 케이지 빙고나 빙고 블로워를 구입하거나 직접 만드십시오. 더 재미있을 것입니다.

아이들을 몇 팀으로 나누십시오. 교리문답의 질문을 잘 기억하도록 이미 배운 교리문답 가운데 몇 가지 질문을 퀴즈로 낼 것이라고 아이들에게 설명하십시오. 각 팀은 숫자가 적힌 탁구공을 골라서 상대 팀이 맞출 질문 번호를 정해 주게 됩니다. 상대 팀은 그 숫자에 해당하는 질문과 답, 암송 구절을 기억해 내야 합니다. 그 팀이 그 숫자와 관련된 요소(교리문답의 질문과 답, 암송 구절)를 모두 기억해 낸다면, 9점을 얻습니다. 또는 기억해 낸 요소에 따라 한 요소 당 3점을 얻습니다. 마지막에 가장 높은 점수를 얻은 팀이 우승합니다. 기억하십시오. 이 활동의 목적은 재미있게 참여하는 것입니다. 아이들이 재미를 느끼며 유쾌하게 참여하는 것은 인도자에게 달려 있습니다.

문19 소개

아이들에게 사형을 선고받고 사형 집행을 기다리는 줄에 서 있다면 어떨지 상상해 보라고 하십시오. 의심할 여지 없이 매우 끔찍할 것입니다! 그러고 나서 아이들에게 막 처형당하려는 순간 다른 누군가가 그 처형을 대신 당한다면 어떨지 상상해 보라고 하십시오. 그것은 가장 놀랍고 벅찬 감정일 것이라고 아이들에게 강조하십시오! 아이들에게 누가 그렇게 할 것이라고 생각하는지 물어보십시오.

문19를 읽어 주십시오. "형벌을 면하고 다시 하나님의 은혜를 누릴 방법이 있습니까?" 이 질문은 하나님께 불순종한 사람들이 마땅히 받을 형벌에서 자유로워지기 위해 어떻게 해야 하는지를 생각해 보게 합니다.

Notes

활동

사형을 선고받은 사람에게는 처형당하기 전에 마지막 식사를 선택할 기회가 주어진다고 아이들에게 설명해 주십시오. 아이들에게 마지막 식사로 무엇을 원하는지 종이에 그리거나 적어 보라고 하십시오. 원하는 것은 무엇이든 요청할 수 있습니다! 몇몇 아이에게는 마지막 식사로 무엇을 원하는지 다른 아이들에게 나눠 보라고 하십시오. 그러나 시간이 지나치게 오래 걸려서는 안 됩니다.

가장 훌륭한 식사를 상상하는 것은 매우 신나는 일이지만, 그것은 매우 슬픈 식사라고 아이들에게 말해 주십시오. 우리는 구속자가 필요합니다!

수업 개요

수업을 시작하면서 하나님께 도움을 구하십시오. 자신이 이번 문답을 신실하게 가르치게 해 달라고, 아이들이 잘 듣게 해달라고 간구하십시오.

이번 문답은 하나님의 심판을 받을 사람들이 그 심판을 피하고 하나님의 은혜를 다시 누릴 방법이 있는지를 생각해 보는 것입니다. 사형을 선고받고 집행을 기다리는 사람이 스스로 자신을 구할 수 있다고 생각할지 아이들에게 물어보십시오. 하나님의 심판을 받을 죄인들이 자기 자신을 구할 수 있을지 물어보십시오. 답은 분명합니다. "그럴 수 없습니다!" 아이들에게 어째서 남녀노소 누구나 자기 자신을 구원할 수 없는지를 물어보십시오. 사람들이 자기 힘으로 하나님과 관계를 회복할 수 있는 길은 없습니다.

이러한 상황은 아무도 막을 수 없을 만큼 치명적입니다. 이 상황은 마치 사형을 선고받은 것과 같습니다. 자신을 구할 수 있는 기회는 전혀 존재하지 않는 것입니다!

이사야 53장 10-11절을 읽으십시오. 아이들이 말씀을 함께 읽을 수 있도록 성경을 준비하십시오.

이사야서는 예수님이 하늘 보좌를 떠나 사람으로 이 땅에 오시기 수백 년 전에 기록된 것입니다. 그런데도 그 말씀은 놀랍도록 친숙한 이야기를 들려주고 있습니다. 아이들에게 이사야 53장을 살펴볼 시간을 주고, 그 성경 본문에서 말하는 사람이 누구라고 생각하는지 알아보게 하십시오.

이 이사야 본문은 종종 "종의 노래"라고 불립니다. 이 본문이 하나님의 종으로 오셔서 구속하고 구원하실 분을 이야기하고 있기 때문입니다. 바라기는 이 본문이 구속자이신 예수님을 언급한다는 것을 아이들이 아는 것입니다. 이 본문은 예수님이 태어나시기 수백 년 전에 기록되었습니다.

놀라운 사실은 하나님이 늘 계획을 가지고

문19 | 형벌을 면하고 다시 하나님의 은혜를 누릴 방법이 있습니까?

계셨다는 것입니다. 하나님은 마땅히 심판받고 죽음당해야 할 사람들에게 자유와 생명을 알게 할 방법을 정하셨습니다.

하나님은 예수님을 이 땅에 보내시고 하나님의 율법에 완전하게 순종하여 죄 없는 삶을 살게 하셔서 그분을 속죄를 위한 제물이 되게 하실 것을 늘 알고 계셨습니다. 하나님은 자신의 심판을 만족시키기 위해 죽을 죄 없는 사람이 필요하셨습니다. 예수님이 바로 구속자로 보냄 받으신, 완전하고 흠 없는 유일한 분이었습니다.

이 일이 얼마나 놀라운 것인지 아이들이 깨달을 수 있도록 도와주십시오! 예수님이 하늘 영광을 버리시고 겸손하게 이 땅에 오셔서 아버지가 명하신 것을 행하셨다는 것을 아이들이 인정하도록 도와주십시오.

이사야 53장은 단지 예수님의 죽으심뿐 아니라 그분의 부활도 이야기하고 있습니다. 이사야는 완전히 새로운 속죄 제물을 이야기하고 있습니다. 보통은 동물을 제물로 바치고, 한 번 죽으면 계속 죽은 채로 남아 있었습니다. 그러나 10절은 죽으신 그분이 또한 다시 살아나실 것이라고 설명합니다.

예수님은 죄인을 죽음에서 구원하실 유일한 분이라는 것을 아이들이 이해하도록 도우십시오. 그분은 죄인의 형벌을 감당하시고 그를 구원하실 유일한 분입니다.

아이들이 문19와 답을 기억하도록 도우면서 수업을 마치십시오.

이 내용은 단순히 수업 지도를 위한 것입니다. 가르치는 아이들과 상황에 따라 이 내용을 확장하거나 수정하십시오. 여러분의 말로 여러분의 이야기를 쓰십시오. 그리고 아이들에게 적절하게 응용할 만한 예화나 적용을 추가하십시오.

활동

아이들에게 이 땅에 오셔서 우리를 구속하시고 구원하신 종의 이야기를 텔레비전 뉴스 형식으로 보도할 계획을 세워 보게 하십시오. 그 보도 내용에서 아이들이 예언의 중요성을 설명하고 하나님은 늘 자기 백성을 구원할 방법을 계획하셨다는 사실을 강조할 수 있도록 도우십시오.

Notes

토론과 질문

아이들은 다음과 같은 질문을 할 수도 있습니다.

? 예수님은 왜 죽으셔야 했나요?

예수님은 예언을 성취하시고 성부 하나님의 명령에 순종하시기 위해 죽으셨습니다. 그분은 아버지를 신뢰했고, 인간이 하나님과의 관계를 회복하기 위해서는 자신이 죽어야 한다는 것을 아셨습니다.

? 이사야는 예수님의 삶과 죽음을 어떻게 알았나요?

모든 성경은 하나님의 감동으로 된 것이며, 하나님은 이사야에게 자신이 하신 말씀을 써 내려가게 하셨습니다. 하나님에게는 계획이 있으셨습니다.

다음 질문을 통해 아이들이 자신의 삶을, 그리고 이 교리문답이 각자에게 어떻게 영향을 줄지를 생각하도록 도와주십시오.

- 이 성경 본문을 읽으면서 하나님의 계획을 얼마나 이해했나요?
- 자신이 사형 선고에서 구원받았으며 다시 하나님의 은혜를 누리고 있다는 것을 확신하나요?
- 그리스도인이 아닌 친구에게 이 사실을 어떻게 설명할 수 있을까요?

덕목 찾기

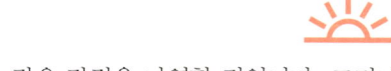

감사

이 활동을 위해 아무것도 적혀 있지 않은 빈 연하장 여러 장과 매직펜을 준비하십시오. 연하장은 판지를 반으로 접어서 직접 만들 수도 있습니다.

우리를 위해 예수님이 사형 선고를 대신 감당하셨다는 것을 생각할 때, 어떤 느낌이 드는지 아이들에게 물어보십시오. 아이들은 기쁨, 슬픔 등과 같은 감정을 나열할 것입니다. 그러나 누군가가 감사하는 마음이 든다고 말할 때까지 기다리십시오. 아이들에게 구속자 되신 예수님께 감사드리는 카드를 만들어 꾸며 보게 하십시오. 완성된 카드는 교실 곳곳에 전시하십시오.

하나님께 감사하는 마음을 자신의 삶에서 어떻게 흘려보낼지 생각해 보도록 아이들을 도우십시오.

문19 | 형벌을 면하고 다시 하나님의 은혜를 누릴 방법이 있습니까?

Notes

🕙 암송 활동

이 암송 구절은 다른 문답의 암송 구절보다 깁니다. 그래서 이번 문답의 암송 활동은 교리문답을 외우는 데는 적절하지 않을 수 있습니다. 이번 암송 구절을 외우기 힘들 것 같다면, 다른 문답의 암송 활동을 활용하여 문19를 확실하게 외우게 하십시오.

아이들을 네 팀으로 나누십시오. 암송 구절을 네 부분으로 나누어 각 팀에게 맡기십시오. 아이들이 그 문장을 익히도록 시간을 주고, 각 팀이 순서대로 구절을 암송하게 하십시오.

🕔 마치는 기도

아이들이 예수님을 믿어 하나님의 은혜를 깨닫기를 기도하십시오.

인도자 가이드 1

성부 하나님
창조와 타락
율법

문20

구속자는 누구입니까?

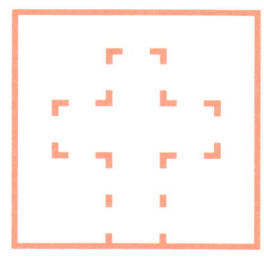

답

**유일한 구속자는
주 예수 그리스도이십니다.**

핵심 개념
모든 사람은 죄의 노예다. 우리가 자유로워지려면 구속받아야 하며, 우리가 해방되기 위해 치러야 하는 대가는 이미 지불되었다.

목적
예수 그리스도는 구속자이시며, 그분만이 우리를 죄에서 해방시키실 수 있다는 것을 아이들이 이해하도록 돕는다.

성경 본문
디모데전서 2장 1-7절

암송 구절
"하나님은 한 분이시요 또 하나님과 사람 사이에 중보자도 한 분이시니 곧 사람이신 그리스도 예수라"(딤전 2:5).

핵심 덕목
겸손

Notes

기억하십시오

오늘날 세상은 다원주의에 깊은 영향을 받았습니다. 오직 단 한 분의 하나님만 계시지만 그분께 이르는 길은 다양하다고 믿는 사람이 많습니다. 아이들은 학교에서 이러한 다원주의 분위기를 경험하며, 매우 다양한 매체에 영향을 받아 다원주의를 세계관으로 받아들일 것입니다.

이번 문답은 아이들에게 하나님은 한 분이며 그분께 이르는 길도 하나라는 것을 명확히 할 것입니다. 바로 신이자 인간이신 예수 그리스도를 통해서만 그분께 이를 수 있습니다. 아이들은 하나님과 회복된 관계를 누리고 죄의 짐에서 자유로워지는 것을 이해할 것입니다. 아이들은 십자가에서 예수님이 이루신 구원 사역을 믿어야 합니다. 아이들은 예수님이 단순히 하나님께 이르는 기독교 방식이 아니라 유일한 구속자라는 것을 분명하게 이해해야 합니다. 오직 그분만이 자신의 삶과 죽음으로 하나님과 우리를 화목케 하실 수 있습니다.

수업을 계획하고 가르칠 때 기억할 것들

- 아이들은 다원주의와 상대주의에 영향을 받아 예수님이 유일한 구속자라는 말에 거부감을 보일지도 모릅니다.
- 아이들은 누군가가 자신의 죄 때문에 고통받아야 했다는 개념으로 고심할 수도 있습니다.
- 아이들은 성육신이라는 개념을 이해하기 어려울 수도 있습니다. 예수님은 하나님이자 인간이시며, 그렇기 때문에 구속자가 되실 수 있었다는 사실을 아이들이 이해하도록 도우십시오.
- 인도자는 자신이 정한 시간 계획에 맞추어 이 문답에 있는 활동을 섞거나 수정할 수 있습니다(학습 계획을 예시한 13쪽을 참조하십시오). 그 요소들을 모두 할 시간이 없을지도 모릅니다. 여러분이 가르치는 아이들의 강점과 약점에 따라 각 활동을 자유롭게 응용하십시오.

기도하십시오

공의로우신 성부 하나님, 저는 하나님께 갚을 수 없는 빚을 졌습니다. 예수님을 보내셔서 대신 제 빚을 감당케 해주셔서 감사드립니다. 제 힘으로 해낼 수 있고 구속자는 필요 없다고 생각했던 시간들을 용서해 주십시오. 아이들이 자신의 죄 때문에 하나님께 진 빚을 잘 이해하게 해주십시오. 그러나 또한 아이들이 구속자이신 예수님을 영접하여 기쁨을 누리게 해주십시오. 예수님의 이름으로 기도합니다. 아멘.

문20 | 구속자는 누구입니까?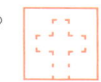

준비하십시오

- "문20 교리문답 힌트"(자료집)
- 화이트 보드와 펜
- 두 가지 색의 접착 메모지
- 플라스틱 컵
- 흰 종이
- 사인펜
- 색인 카드
- 「사자와 마녀와 옷장」(책)
- "문20 겸손을 위한 기회들"(자료집)

Notes

교리문답 정리

화이트 보드에 가로 세로 7×6 격자판을 그리십시오. 각 팀에게 "문20 교리문답 힌트"(자료집)의 힌트들을 모아 놓은 컵을 나눠 주십시오. 각 힌트는 교리문답 질문을 뒤죽박죽으로 만들어 놓은 것입니다. 각 팀별로 같은 색의 접착 메모지를 네 장씩 나눠 주십시오. 팀들은 서로 다른 색을 가지고 있어야 합니다.

아이들을 몇 팀으로 나누십시오. 각 팀에게 여러 교리문답의 질문으로 만든 힌트가 담긴 컵을 나눠 주십시오. 아이들에게 컵에서 힌트를 하나 뽑게 하십시오. 아이들은 자신들이 뽑은 힌트와 관련된 교리문답의 질문을 알아 맞혀야 합니다. 아이들이 단어를 정확하게 맞춘다면, 격자판에 접착 메모지를 붙일 수 있습니다. 이 놀이의 목적은 같은 색의 접착 메모지 네 장을 한 줄로 만드는 것입니다. 그러나 각 팀은 상대팀을 막을 수 있습니다! 팀이 질문을 정확하게 맞힐 때마다 아이들은 접착 메모지를 격자판에 붙이거나 자기 팀에서 붙인 접착 메모지를 다른 곳으로 옮길 수 있습니다. 이 놀이는 아이들이 다양한 방식으로 문답을 떠올리게 해줄 것입니다.

문20 소개

사람들은 다양한 이유에서 다른 사람에게 돈을 빌립니다. 돈을 빌린 사람을 "채무자"라고 부릅니다. 보통 채무자는 자신이 빌린 돈을 돌려주어야 합니다. 그러나 때로는 그 돈을 돌려줄 수 없는 상황에 처하기도 합니다. 자신이 빌린 돈을 모두 써버려서 갚을 길이 없을 수도 있습니다.

옛날에는 빚이 많은 사람은 감옥에 가야 했습니다. 그 사람들은 빚을 다 갚을 때까지 감옥에 갇혀 있었습니다. 누군가가 채무로 인해 감옥에 갇힌다면 어떤 문제가 생길지 아이들에게 물어보십시오(감옥에 있는 사람은 일할 수 없

Notes

고, 따라서 빚을 결코 갚지 못한다는 것을 깨달을 때까지 아이들에게 힌트를 주십시오).

    채무자가 갇힌 감옥은 쾌적한 곳이 아닙니다. 그곳에서 사람들은 종종 병을 얻거나 죽기도 합니다. 채무자가 감옥에서 나올 수 있는 방법이 무엇일지 아이들에게 물어보십시오. 누군가가 그들 대신 그들의 빚을 갚아 주어야 할 것입니다. 채무자의 빚을 갚아 주어 그들을 자유롭게 해준 사람이 바로 구속자입니다.

문20을 읽어 주십시오. "구속자는 누구입니까?" 이 땅을 살아가는 모든 사람은 사실 결코 갚을 수 없는 빚을 지고 있으며 죄의 노예가 되어 있습니다. 성경은 각 사람이 죄에 사로잡혀 있다고 묘사합니다. 우리가 죄에서 자유로워지기 위해서는 무엇이 필요하다고 생각하는지 아이들에게 물어보십시오. 그 답은 우리의 자유를 살 사람, 바로 "구속자"입니다.

활동

아이들에게 그림을 그릴 수 있는 종이 한 장씩을 나눠 주십시오.

아이들에게 종이에 자신이 가장 좋아하는 물건을 그려 보라고 하십시오. 시간을 오래 주지 마십시오. 아이들에게서 그림을 받아 그 물건이 무엇인지, 그리고 왜 그것이 소중한지 물어보십시오.

    이번에는 아이들에게 그 값진 물건을 도둑맞았다고 상상해 보라고 하십시오. 아이들은 경찰을 부를 수 없습니다. 그 물건을 돌려받으려면 그에 따른 값을 지불해야 합니다. 아이들에게 자신이 돈을 얼마나 가지고 있는지 생각해 보라고 말하십시오. 낮은 액수에서 시작하십시오. 아이들에게 그 소중한 물건을 되돌려 받기 위해 500원을 줄 수 있는지 물어보십시오. 조금씩 값을 올리십시오. 1,000원을 줄 수 있는지 물어보십시오. 5,000원은 어떤가요? 10,000원은요? 각 아이들의 상한선이 어느 정도인지 확인하십시오. 그러다가 가장 큰 액수에 어떤 아이가 도달하면 가격 제시를 멈추십시오.

    아이들에게 그림을 돌려주고, 때로 상환 금액은 매우 비싸기도 하다고 말해 주십시오!

수업 개요

수업을 시작하면서 하나님께 도움을 구하십시오. 자신이 이번 문답을 신실하게 가르치게 해달라고, 아이들이 잘 듣게 해달라고 간구하십시오.

    아이들에게 채무로 인해 감옥에 갇혀 있으면 어떨지 상상해 보라고 하십시오.

문20 | 구속자는 누구입니까?

Notes

하나님은 우리를 만드신 분이기 때문에 우리는 그분께 순종해야 합니다. 우리의 죄 된 본성 때문에 우리는 그분께 늘 순종하지는 못합니다. 우리의 죄 때문에 우리는 하나님께 빚을 졌습니다. 우리는 죄 짓는 것을 멈추지 못하기 때문에 그 빚은 점점 커져갑니다. 그리스도를 믿지 않는 사람은 누구나 죄의 노예입니다! 순종의 빚을 갚을 수 없다면, 우리는 감옥에 갇히는 것보다 더 엄중한 벌을 선고받을 것입니다. 우리는 마땅히 죽어야 할 사람들입니다.

이것은 매우 끔찍한 상황입니다. 빠져나갈 길이 없는 것처럼 보이기 때문입니다. 사람들은 죄의 노예이며, 자신을 스스로 구원할 능력이 없습니다. 그렇기 때문에 그들에게는 다른 무엇보다 구속자가 필요합니다. 구속자란 치러야 할 빚을 대신 갚아 주어 노예를 자유롭게 해줄 수 있는 사람입니다.

디모데전서 2장 1-7절을 읽으십시오. 아이들이 말씀을 함께 읽을 수 있도록 성경을 준비하십시오.

바울은 디모데와, 디모데가 돌보는 교회에 편지를 쓰고 있습니다. 이 성경 본문에서 바울은 교회에 모든 사람을 위하여 관심을 기울이라고 독려합니다. 왜일까요? 그들은 죄의 노예이며, 하나님은 모든 사람이 죄의 영향에서 구원받기를 원하시기 때문입니다.

5절과 6절에는 주목할 부분이 있습니다. 하나님은 우리에게 얽매임에서 벗어날 길을 마련해 주셨습니다. 하나님은 우리를 대신할 구속자를 보내 주셨습니다! 그 구속자는 바로 예수 그리스도이십니다.

바울이 하나님도 오직 한 분이고 중보자도 한 분이라고 말한다는 것을 알아챘는지 아이들에게 물어보십시오. 이 말씀은 죄에서 해방되고 하나님과 관계를 회복할 길은 오직 하나라는 사실을 함축합니다.

하나님은 사랑이 많으면서도 공의로우신 분입니다. 그 크신 사랑으로 하나님은 사람들을 구원하길 바라시지만, 그분의 공의는 누군가가 형벌을 감당하여 죄의 대가를 치르길 요구합니다.

예수 그리스도는 완벽한 자격을 갖추신 유일한 구속자이십니다. 그분만이 하나님을 위해 사람들을 구속하실 유일한 분입니다.

무엇 때문에 예수님이 유일하고 완벽한 자격을 갖추셨다고 말하는 것일까요? 그분은 하늘 보좌를 버리고 인간의 몸을 입고 이 땅에 내려오신 하나님입니다. 그분은 영원한 성자 하나님이자 인간이십니다. 그분은 하나님과 우리를 완벽하게 중보하실 수 있습니다. 이 땅에서 예수님은 모든 면에서 하나님께 완전히 순종하는 삶을 사셨습니다.

아이들에게 예수님이 사신 완전한 삶이 얼마나 놀라운지를 떠올려 보라고 하십시오. 아이들에게 날마다 하나님을 거슬러 얼마나 다양한 죄를 범하는지도 떠올려 보라고 하십시오. 예수님은 늘 모든 것보다 성부 하나님을 높여 드렸습니다. 예수님은 늘 하나님을 신뢰하셨고, 그분의 뜻을 따르셨습니다.

Notes

그러나 예수님이 그리스도인들을 구속하시기 위해 하나님께 돈을 지불하신 것은 아닙니다. 완전한 삶을 사셨으며 하나님을 거스르는 죄를 범하신 적도 결코 없었습니다. 그런데도 그분은 기꺼이 십자가에서 죽으셨습니다. 그렇게 해서 예수님은 그리스도인들을 자유롭게 하는 대가를 치르신 것입니다. 예수님이 치르신 대가는 바로 자신의 생명이었습니다. 그분이 당하신 끔찍한 죽음으로 그리스도인들은 자유를 누릴 수 있게 되었습니다. 놀라운 사실은 예수님이 자신을 낮추시고 성부 하나님이 요구하신 것을 하셨다는 것입니다. 그분은 자신의 위대함을 절대로 주장하지 않고 오히려 가장 낮은 곳에 계셨습니다. 하나님을 믿도록 부름 받은 사람들을 위해 모든 것을 포기하셨습니다.

아이들이 문20과 답을 기억하도록 도우면서 수업을 마치십시오.

이 내용은 단순히 수업 지도를 위한 것입니다. 가르치는 아이들과 상황에 따라 이 내용을 확장하거나 수정하십시오. 여러분의 말로 여러분의 이야기를 쓰십시오. 그리고 아이들에게 적절하게 응용할 만한 예화나 적용을 추가하십시오.

활동

「사자와 마녀와 옷장」이라는 책을 한 권 준비하십시오.

「사자와 마녀와 옷장」에 등장하는 에드먼드와 아슬란의 이야기를 들어본 적이 있는지 아이들에게 물어보십시오. 에드먼드의 문제는 무엇이었나요? (에드먼드는 자기 형제들을 배신했습니다. 나니아의 고대법에 따르면, 그는 배반자로 처형당해야 마땅했습니다.) 에드먼드의 문제는 어떻게 해결되었나요? 그는 왜 죽지 않았나요?

아슬란이 구속자인지 아이들에게 물어보십시오. 아슬란이 에드먼드를 구속한 것은 예수님이 우리를 구속한 것과 어떤 점이 비슷하고, 어떤 점이 다른가요?

토론과 질문

아이들은 다음과 같은 질문을 할 수도 있습니다.

? 모든 사람이 죄악 된 상태로 태어난다면, 예수님은 어떻게 죄를 짓지 않는 삶을 사실 수 있었나요?

성경은 예수님이 원죄 없이 태어나셨다고 말합니다. 그래서 그분은 죄를 짓지 않는 삶을 사실 수 있었습니다. 예수님은 특별한 조건에서 기적처럼 태어나셨습니다. 그분은 하나님이자 인간이셨습니다.

? **예수님은 이 세상 모든 사람을 위한 구속자이신가요?**

예수님이 베푸신 구속을 받아들이는 사람들만이 구원받을 수 있습니다.

? **하나님은 왜 자기 아들이신 예수님이 고통받는 방법을 택하셨나요?**

예수님이 그 엄청난 고통을 당하는 것을 하나님이 허락하신 것은 우리를 향한 하나님의 큰 사랑 때문입니다. 예수님은 우리가 하나님과 영원히 함께하는 길을 마련하시기 위해 기꺼이 우리 죄를 감당하셨습니다.

다음 질문을 통해 아이들이 자신의 삶을, 그리고 이 교리문답이 각자에게 어떻게 영향을 줄지를 생각하도록 도와주십시오.

- 자신이 그리스도를 통해 구속받아야 한다는 것을 깨달았나요?
- 누군가가 하나님께 이르는 다른 길이 있다고 말하는 것을 들을 때 어떻게 반응해야 할까요?
- 예수님이 보이신 겸손과 사랑과 희생은 일상에 어떤 영향을 끼칠까요?

덕목 찾기

겸손

"문20 겸손을 위한 기회들"(자료집)을 복사하여 자르십시오. 색인 카드에 하나씩 붙이면 더 유용할 것입니다.

아이들에게 예수님이 보이신 놀라운 겸손을 새겨 주십시오. 예수님은 성부 하나님의 뜻에 순종하여 하늘 보좌를 버리고 구속자로 이 땅에 오셨습니다. 아이들에게 살아가면서 그러한 겸손을 어떻게 본으로 보일 수 있을지 생각해 보라고 하십시오.

아홉 명의 아이에게 각본이 적힌 카드를 나누어 주십시오. 순서대로 하나씩 큰 소리로 읽게 하십시오. 그리스도처럼 겸손한 사람이라면 어떻게 반응할지 물어보십시오. 각 각본에서 교만하고 이기적인 반응은 어떤 모습일지 생각해 보는 것도 도움이 될 것입니다.

Notes

암송 활동

아이들을 두 팀으로 나누십시오. 남자 대 여자로 나눌 수도 있습니다. 다 함께 암송 구절이나 교리문답의 답을 여러 번 말해 보게 하십시오. 그리고 나서 한 팀씩 암송 구절이나 답을 말하게 하십시오. 이때 인도자는 각 팀에게 더 작은 소리로, 또는 더 큰 소리로 말해 보라고 요청할 수 있습니다. 마지막까지 살아남는 팀이 우승합니다. 그러고 나서 다 함께 구절을 말해 보십시오.

마치는 기도

예수님을 우리 구속자로 보내 주신 하나님께 감사드리며 이 수업을 마치십시오. 여전히 죄에 갇힌 사람들을 위한 기도를 반드시 포함시키십시오. 그들이 믿음으로 그리스도께 돌아오길 기도하십시오.

감사의 말

우리는 이 커리큘럼을 출간해 준 크로스웨이 출판사에 감사드립니다. 또한 날카로운 눈으로 편집해 준 타라 데이비스와, 이 작업을 감독한 데이브 드위트와 조쉬 데니스에게 특별히 감사하고 싶습니다.

리디머 시티 투 시티(Redeemer City to City)와 리디머 장로교회(Redeemer Presbyterian Church)는 복음 연합(The Gospel Coalition)에서 「뉴시티 교리문답 커리큘럼」을 만들 수 있도록 허락해 주었습니다. 「뉴시티 교리문답 커리큘럼」은 원래 티모시 켈러와 샘 샤머스가 작업하여 만든 「뉴시티 교리문답」을 발전시킨 것입니다.

존 템플턴 재단(John Templeton Foundation)에서 복음 연합에 너그러이 승인해 주었기 때문에 이 프로젝트를 수월하게 진행할 수 있었습니다. 초기부터 이 프로젝트가 지닌 잠재적 특성과 덕목을 믿어 준 리처드 볼링어와 사라 클레멘트에게 감사합니다. 또한 복음 연합의 벤 피즈와 댄 올스에게 감사합니다. 그들은 이 프로젝트가 단순한 발상에 지나지 않을 때, 존 템플턴 재단과 긴밀한 작업을 진행해 나갔습니다.

우리는 덕목 개발에 대해 조언과 생각을 제시해 준 풀러 신학교의 사라 슈니커와 킴벌리 그리스울드, 활동 내용에 대해 조언해 준 교육가 케이틀린 누너리, 아이들의 심리 발달에 대해 조언해 준 심리학자 브렌트 바운즈에게도 감사드립니다.

복음 연합의 베스티 하워드는 「뉴시티 교리문답 커리큘럼」의 편집 주간으로 섬겨 주었고, 콜린 한센은 신학 감수를 맡아 주었습니다.

가장 중요한 것은 이 커리큘럼의 주요 저자가 없었다면 이 커리큘럼이 열매를 맺지 못했으리라는 것입니다. 오크힐 신학 대학의 멜라니 레기시는 수년 동안 교리 교육을 지지하고 교회에서 어린이 사역에 몸 담은 경험을 통해 이 커리큘럼을 구성하고 각 과를 더 풍성하게 만들 수 있었습니다.

「뉴시티 교리문답 커리큘럼」이 나오기까지 많은 사람이 수고했습니다. 우리는 모두 아이들이 사나 죽으나 자신의 유일한 희망을 예수 그리스도께만 두는 세대로 자라나는 데 이 커리큘럼이 사용되길 소망합니다.

뉴시티 교리문답 커리큘럼 인도자 가이드 1

초판 발행	2018년 11월 30일
초판 2쇄	2025년 1월 15일
지은이	복음연합
옮긴이	죠이북스 편집팀
발행인	손창남
발행처	(주)죠이북스(등록 2022. 12. 27. 제2022-000070호)
주소	02576 서울시 동대문구 왕산로19바길 33, 1층
전화	(02) 925-0451 (대표 전화)
	(02) 929-3655 (영업팀)
팩스	(02) 923-3016
인쇄소	송헌문화
판권소유	ⓒ(주)죠이북스
ISBN	979-11-93507-46-9 04230
	979-11-981996-9-0 (세트)

책값은 뒤표지에 있습니다.
잘못된 도서는 교환하여 드립니다.
이 책 내용을 허락 없이 옮겨 사용할 수 없습니다.